Erich Lehner

Ohne dich

Erich Lehner

Ohne dich

Wenn Männer trauern

Tyrolia-Verlag·Innsbruck-Wien

Nachhaltige Produktion ist uns ein Anliegen; wir möchten die Belastung unserer Mitwelt so gering wie möglich halten. Über unsere Druckereien garantieren wir ein hohes Maß an Umweltverträglichkeit: Wir lassen ausschließlich auf FSC®-Papieren aus verantwortungsvollen Quellen drucken und verwenden Farben auf Pflanzenölbasis. Wir produzieren in Österreich und im nahen europäischen Ausland, auf Produktionen in Fernost verzichten wir ganz.

Mitglied der Verlagsgruppe „engagement“

Umschlaggestaltung: Tyrolia-Verlag, Innsbruck
Layout und digitale Gestaltung: Elvira Perterer, Innsbruck
Druck und Bindung: FINIDR, Tschechien
ISBN 978-3-7022-3965-7
E-Mail: buchverlag@tyrolia.at
Internet: www.tyrolia-verlag.at

INHALT

EINLEITUNG
MÄNNER TRAUERN ANDERS, ODER?

„Männer tun sich sehr schwer mit dem Trauern!“, äußert eine Frau in der Therapie und erzählt anschließend von ihrem Vater, den sie kein einziges Mal weinen sah. Selbst dann nicht, als die Mutter nach einer kurzen, aber intensiven Zeit des Leidens an den Folgen einer Krebserkrankung verstarb. Sie war damals ein Kind von 12 Jahren. Der Vater wurde nach dem Tod der Mutter noch stiller, zurückgezogener und unnahbarer. „Man sah, dass er litt“, meint sie. Dennoch, so betont sie, hat er für sie und ihre größere Schwester gut gesorgt.

Ein ähnliches Bild zeichnen Expert*innen der Trauerbegleitung.[1] Berater*innen und Ausbildner*innen, die im Feld von Sterben, Tod und Trauer arbeiten, wurden nach ihren Wahrnehmungen bei Männern befragt. Ihrer Beobachtung nach äußerten Männer weniger starke Emotionen und suchten stärker Ablenkung und Zerstreuung in der Arbeit sowie in Sex, Spiel und Alkohol. Im Dialog erlebten sie Männer als rational agierend. Wurden Emotionen sichtbar, dann am ehesten Formen von Zorn, Ärger und auch Aggression. Demgegenüber wurden Frauen als emotional expressiver beschrieben und dass diese vermehrt Unterstützung suchten. Ihren Beobachtungen zufolge brauchten Männer weniger Zeit zum Trauern. Möglicherweise ist die Aussage der Klientin, dass sich Männer mit dem Trauern schwertun, aufgrund ihrer persönlichen Betroffenheit etwas zugespitzt ausgefallen. Sie trifft sich aber mit einer weit verbreiteten Annahme, dass Männer im Vergleich zu Frauen weniger Trauer zeigen, wie sie auch von Expert*innen geäußert wird.

Der US-amerikanische Forscher John Vance[2] meldete in den 1990er Jahren dieser Annahme gegenüber aber Zweifel an. Er vermutete dahinter vielmehr eine Folge der Messmethodik. Aber wie lässt sich Trauer messen? An welchen Phänomenen kann Trauer festgemacht und ermittelt werden? Er stellte fest, dass in den ihm vorliegenden Studien vor allem auf Phänomene geachtet wurde, die zum Formenkreis von Angst und Depression gehören. Deshalb erweiterte er in seiner Studie den Blickwinkel. John Vance selbst beforschte das Trauerverhalten von Eltern, die den Verlust eines neugeborenen Kindes verkraften mussten. Konkret hatten die in der Studie Befragten eine Totgeburt, den Tod eines Neugeborenen oder einen plötzlichen Kindstod zu beklagen. Neben Depression und Angst wurde auch nach Alkoholmissbrauch gefragt. Das Ergebnis fiel erwartungsgemäß aus: Frauen zeigten ein höheres Ausmaß an Angst und Depression, während Männer höhere Werte bei Alkoholmissbrauch erreichten. Bringt man nun Alkoholmissbrauch ebenso in Zusammenhang mit Trauer wie Depression oder Angst, dann schwindet der Unterschied zwischen Frauen und Männern. Entgegen den oben geäußerten Annahmen trauern dann Männer bei einem sie betreffenden Todesfall in ähnlichem Maße wie Frauen, sie unterscheiden sich aber in den Ausdrucksformen.

Diese Ergebnisse bestätigen eine weitere verbreitete Annahme, nämlich die, dass Männer anders trauern. Wenn Männer nun wirklich anders trauern, so lässt sich weiterfragen, worin dann dieses Anderssein besteht?

Bei näherem Hinsehen lassen sich sofort auch Gegenbeispiele im Alltag finden: tief betroffene, emotional expressiv trauernde Männer sowie Frauen, deren Trauerverhalten viel mehr dem Klischee eines emotional reservierten Mannes entspricht. Lassen sich Trauerphänomene den Geschlechtern wirklich so eindeutig zuteilen? Worin könnten diese Unterschiede bestehen? Wie weit reichen sie und wodurch werden sie verursacht? Wenn die moderne Trauerforschung betont, dass jeder Trauerprozess individuell unterschiedlich ist, lässt sich dann tatsächlich noch die Annahme von einem einheitlichen Verhalten der Gruppe der Männer im Unterschied zu dem der Gruppe der Frauen aufrechterhalten?

Die Beantwortung dieser Fragen erfordert eine tiefergehende Auseinandersetzung mit dem Zusammenhang von Geschlecht und Trauer. Insofern erfolgt nun in einem ersten Teil die Auseinandersetzung mit der Frage, was Geschlecht im Allgemeinen und Männlichkeit im Speziellen ausmacht. Im zweiten Teil werden anhand von Fallbeispielen Prozesse der Trauer aufgezeigt und ihre Verbindung zu Männlichkeiten erschlossen. Trauer wird sich als grundlegendes, allen Menschen gleichermaßen gegebenes Potenzial erweisen, das im konkreten Menschen seinen individuellen Ausdruck findet.

I.
DIE KONSTRUKTION VON GESCHLECHT

TYPISCH MANN? TYPISCH FRAU?

Die Ursache für unterschiedliches Trauerverhalten von Frauen und Männern wird gerne in der natürlichen Differenz der Geschlechter gesehen. Dahinter steht die Annahme eines bestimmten Geschlechtscharakters von Männern und Frauen, der in ihrer unterschiedlichen Natur gesehen wird. Diese Sichtweise zeugt von einer langen Tradition und ist gegenwärtig noch in den Überzeugungen vieler Menschen präsent. Gemäß dieser Ansicht wird der Geschlechtscharakter von Geburt an unabhängig von jeder sozialen Prägung oder individuellen Gestaltung mitgegeben. In der heutigen Zeit wird dieser Gedanke wieder verstärkt aufgenommen – die Unterschiedlichkeit der Geschlechter wird in erster Linie mit Genen, Hormonen und dem Gehirn in Verbindung gebracht. Geschlechtscharaktere werden demnach von Genen determiniert bzw. von Hormonen oder dem Gehirn gesteuert.

Im Gegensatz zu diesen sich hartnäckig haltenden Annahmen treffen wir auf Forschungen, die eben diese beiden fundamental in Frage stellen. Dabei wird betont, dass bereits auf biologischer Ebene keine eindeutige Zweigeschlechtlichkeit auffindbar ist. Es gibt Menschen mit intergeschlechtlichen Körpern, denen kein Geschlecht klar zuordenbar ist. Das verweist darauf, dass es selbst auf biologischer Ebene keine binäre Eindeutigkeit in Bezug auf nur zwei Geschlechter im Sinne von Mann und Frau gibt. Intergeschlechtlichen Personen ist gemeinsam, dass sie keinen den Geschlechternormen entsprechenden Körper oder Chromosomensatz haben bzw. dass sie Geschlechtsmerkmale beider Geschlechter in unterschiedlicher Ausprägung vereinen. Eine deterministische Wirkung beispielsweise von Genen ist damit zutiefst in Frage zu stellen.

Die US-amerikanische Biologin Anne Fausto-Sterling[3] zeigt plausibel, dass die Zelle mit den Genen, die Chromosomen, die Hormone etc. allein nicht ausreichen, um eine männliche oder weibliche Entwicklung eindeutig vorherzubestimmen. Gene, Chromosomen und Hormone brauchen, um wirksam zu werden, die Kooperation mit anderen Wirkfaktoren. So braucht jedes Gen in einer Zelle für seine Wirkung die systemische Kooperation mit anderen Genen im Rahmen des Organismus. Der Organismus ist wieder verbunden mit der Psyche und beide sind eingebettet in menschliche Interaktionen, auf die wiederum Kultur und Geschichte einwirken. Die Annahme, dass hier ein bestimmtes, biologisch vorprogrammiertes Verhaltensprogramm für zwei unterschiedliche Geschlechter aktiviert wird, ist mit diesem komplexen Zusammenspiel unterschiedlichster Wirkfaktoren nicht vereinbar. Anne Fausto-Sterling erklärt dieses Zusammenspiel mit dem Bild der russischen Puppe. Die Zelle, der Organismus, die Psyche, die Interaktion, die Kultur und die Geschichte können jeweils als eine einzelne Puppe verstanden werden, die wie in einer russischen Puppe aufs engste miteinander verbunden sind und wechselseitig aufeinander einwirken. Männliche und weibliche Charaktere entwickeln sich demnach zwar auf biologischer Basis, wie der Zelle und des Organismus, sie sind aber eingebunden in einen psychosozialen Zusammenhang, in dem Psyche, Interaktion, Geschichte, Kultur aufeinander einwirken. Lediglich aufgrund der biologischen Anlage zwei unterschiedliche Geschlechtscharaktere anzunehmen, würde vollkommen zu kurz greifen.

Die Rolle des Gehirns

Dem Gehirn kommt seit geraumer Zeit eine besonders große Aufmerksamkeit zu. Seit dem 18. Jahrhundert wird das menschliche Gehirn vermessen, in der Hoffnung, hier einen Unterschied zwischen Geschlechtern und Rassen festmachen zu können. Dabei stellte man fest, dass männliche Gehirne im Durchschnitt größer als weibliche Gehirne sind. Aufgrund dieser anatomischen Gegebenheit schloss man auf die Überlegenheit des männlichen Geschlechts gegenüber Frauen. Mit den neuen bildgebenden Verfahren gibt es die Möglichkeit, die Gehirne noch genauer abzubilden und zu vergleichen. Dabei zeigt sich, dass es nicht nur einen Unterschied in der Gesamtgröße des Gehirns gibt, sondern dass sich auch einzelne Bereiche im Gehirn im Volumen unterscheiden. So sind zum Beispiel zwei wichtige Gehirnstrukturen bei Männern größer als bei Frauen. Die eine Gehirnregion betrifft den Hippocampus, der das Erinnerungsvermögen, das Lernen und die Steuerung von Affekten beeinflusst. Die zweite Region ist die Amygdala, die mit dem Hippocampus an emotionalen Äußerungen und an der Entstehung von Angst beteiligt ist.

Intensive Forschungsarbeit hat in diesem Bereich die britische Neurowissenschaftlerin Gina Rippon[4] geleistet und dazu beigetragen, dass die festgestellten Größen eines Gehirns und seiner Teilbereiche neu zu beurteilen sind. Demnach steht die Größe eines Gehirns im Verhältnis zur Körpergröße einer Person und die Größe eines Teilbereiches des Gehirns in Bezug zur Gesamtgröße des Gehirns. Die Durchschnittsgröße des Gehirns einer Gruppe von Männern mit der Durchschnittsgröße des Gehirns einer Gruppe von Frauen zu vergleichen, geht somit von falschen Vergleichsparametern aus. Es muss vielmehr die Größe eines Gehirns ins Verhältnis zur menschlichen Person und die Größe einzelner Teile ins Verhältnis zum Gesamtgehirn gesetzt werden. Vergleicht man dann die so berechneten Gehirngrößen von Männern und Frauen, verschwindet der Unterschied.

Die neuen bildgebenden Verfahren gewähren nicht nur einen besseren Blick in Aufbau und Größe des Gehirns, sondern ermöglichen auch einen differenzierten Blick in die Funktionsweise. Mit Hilfe der funktionalen Magnetresonanztomographie (fMRT) lässt sich so die Durchblutung im Gehirn beobachten. Die beobachtete Durchblutungsdynamik gibt wiederum Aufschluss darüber, welche Hirnareale bei welchen Tätigkeiten aktiv sind. So geht man davon aus, dass in den beiden Hälften des Großhirns unterschiedliche Funktionen angesiedelt sind. Analytische Fähigkeiten, Sprache, rationales zeitorientiertes Denken und mathematische Fähigkeiten sind meist in der linken Hemisphäre lokalisiert. In der rechten Hemisphäre liegen die räumliche Wahrnehmung, künstlerische Fähigkeiten, visuelles, intuitives und ganzheitliches Denken. Beide Gehirnhälften sind durch einen sogenannten Balken miteinander verbunden. Die große Bedeutung des Balkens liegt in der Informationsübermittlung zwischen den beiden Großhirnhemisphären. Erste Ergebnisse der Gehirnforschung ließen den Schluss zu, dass die Gehirne von Männern stärker lateralisiert sind. Das würde bedeuten, dass bei männlichen Gehirnen die Gehirnhälften unabhängig agieren, während die beiden Hemisphären von Frauen angeblich besser miteinander verbunden sind und synchroner arbeiten. Diese wissenschaftlichen Erkenntnisse, die noch dazu durch eine bestimmte Interpretation der Daten auf Vorstellungen treffen, die im Alltagswissen von Menschen sehr tief verwurzelt sind, sind mittlerweile zu einem Allgemeingut geworden, das sich folgendermaßen ausdrückt: „Frauen haben emotionale Gehirne und sind Sprachkünstlerinnen, weil ihre beiden Gehirnhälften zusammenarbeiten. Männer haben dagegen rationale Gehirne und arbeiten immer nur mit einer Gehirnhälfte. Sie haben spezielle Raumorientierungsareale.“ Diese Annahmen sind gerade für die

Sicht auf trauernde Männer von großer Bedeutung. Eine ausgeprägtere Lateralisation wäre dann die Ursache für eine etwaige geringere Emotionalität bei trauernden Männern. Männer wären aufgrund der Funktionsweise ihres Gehirns weniger emotional expressiv.

Gina Rippon hat jedoch auch in dieser Frage auf eine veränderte Faktenlage hingewiesen. So hängt die Lateralisation nicht mit dem Geschlecht zusammen, sondern mit der Größe des Gehirns. Je größer ein Gehirn ist, desto stärker ist die Lateralisation und umso ausgeprägter ist ein unabhängiges Agieren der beiden Gehirnhälften. Ein größeres Gehirn arbeitet verstärkt aufgeteilt auf die beiden Gehirnhälften. Weil Männer im Durchschnitt größere Gehirne haben, finden sich auch unter Männern vermehrt Gehirne mit Lateralisation. Dies hat jedoch keinerlei Auswirkung auf einen irgendwie gearteten Geschlechtscharakter. Auch lässt sich darin kein Grund für eine etwaige größere oder geringere Emotionalität der Geschlechter finden.

Es gibt jedoch noch ein weiteres Schlüsselprinzip in der Funktionalität des Gehirns, das für diesen Zusammenhang wichtig ist: die Plastizität des Gehirns. Die Plastizität bezeichnet die Fähigkeit des Gehirns, sich selbst zu regenerieren und erneut zu strukturieren mit dem Ziel, seine Funktionsweise zu optimieren. Gehirnplastizität lässt sich am besten an den Gehirnen von Expert*innen mit bestimmten Fähigkeiten erkennen. So ist bei Violinspieler*innen vor allem die Gehirnregion, die für die Bewegung der linken Hand zuständig ist, ausgeprägt; bei Klavierspieler*innen wiederum die Region, die für die Bewegung der rechten Hand zuständig ist. Bei Menschen, die professionell klettern, sind jene Regionen als ganz besonders ausgeprägt erkennbar, die für die Hand-Augen-Koordination und für die Fehlerkorrektion zuständig sind. Ein berühmtes Beispiel für diese Plastizität sind Londoner Taxifahrer*innen. Um eines der schwarzen Taxis fahren zu dürfen, müssen sie einen der schwierigsten Tests bestehen: The Knowledge (dt. *das Wissen*) wird er einfach genannt. Für ihre Fahrgenehmigung müssen sie ein detailreiches Wissen über Londons Labyrinth aus 25.000 Straßennamen und 20.000 Sehenswürdigkeiten ablegen. Dies spiegelt sich in ihren Gehirnen wider. Die graue Substanz im vorderen Teil des Hippocampus, der für räumliche Wahrnehmung und für die Erinnerung zuständig ist, ist bei ihnen deutlich vergrößert.

Man könnte nun annehmen, dass die genannten Expert*innen und die Londoner Taxifahrer*innen gerade deshalb ihre Funktionen ausüben, weil sie für ihre Tätigkeiten besonders talentiert sind, d. h., weil die notwendigen Gehirnareale schon zuvor besonders gut ausgeprägt waren. Neurowissenschaftler*innen sind mit zahlreichen Experimenten auch dieser Frage nachgegangen. So wurden Freiwillige drei Monate lang im Jonglieren trainiert. Vor Beginn des Trainings und danach wurde ein Gehirnscan durchgeführt. Wie erwartet, konnte eine Zunahme jener Bereiche des Gehirns, die für die Wahrnehmung der Bewegung, und jener Bereiche, die für die visuelle Führung der Handaktion fungieren, festgestellt werden. Danach sollten die Versuchspersonen drei Monate keinerlei Jongliertätigkeiten ausüben. In einem neuerlichen Gehirnscan zeigte sich dann ein Rückgang der Gehirnstruktur auf das Niveau vor Beginn des Trainings. Daraus lässt sich schließen, dass es nicht unbedingt bestimmte im Gehirn angelegte Fähigkeiten sind, die hier zum Tragen kommen. Vielmehr passt sich das Gehirn in seiner Struktur an eine Nutzung an, die im Lösen gestellter Herausforderungen bestimmte Fähigkeiten forciert. Das Gehirn passt sich also der menschlichen Erfahrung an. Es sind vor allem psychosoziale Faktoren, die es in seiner Funktion und Struktur formen. Das Gehirn lässt sich als ein „soziales Organ" verstehen, das sich auf der Grundlage von Normen, Erwartungen und Erfahrungen formt. Wenn sich also bei einzelnen Personen oder auch Gruppen von Personen manche Bereiche im Gehirn stärker ausprägen, dann ist dies kein Hinweis auf eine besondere Begabung, ein spezifisches Talent oder eine Neigung für bestimmte Fähigkeiten und Tätigkeiten. Vielmehr hat sich ihr Gehirn aufgrund konkreter Lebenserfahrungen und der damit verbundenen Herausforderungen, die sich unter bestimmten Lebensumständen stellen, geformt. Auf der Grundlage wissenschaftlicher Forschung von höchster Evidenz bezeichnet Gina Rippon die Vorstellung von einem männlichen oder weiblichen Gehirn als einen großen Mythos.

Wesenhaft anders?

Wenn also weder Natur bzw. Biologie im Allgemeinen noch das menschliche Gehirn im Besonderen als Grundlage für einen gravierenden Unterschied der Geschlechter verantwortlich sind, dann bleibt nur, sich näher mit den Unterschieden selbst auseinanderzusetzen und sie zu analysieren. Worin unterscheiden sich die Geschlechter ganz konkret in ihrem Verhalten, in ihrem Erleben und in ihren Fähigkeiten? Damit ist man bei klassischen Fragestellungen, die die Psychologie betreffen, angelangt. Sie hat seit ihren Anfängen als etablierte Wissenschaft im späten 19. Jahrhundert zahlreiche Untersuchungen zu den Charakter- beziehungsweise Wesensunterschieden von Männern und Frauen durchgeführt. 1974 haben die amerikanischen Psychologinnen Eleanor Maccoby und Carol N. Jacklin[5] eine Übersichtsarbeit der Studien zu den psychologischen Unterschieden zwischen Männern und Frauen publiziert, die seit 1965 dazu gemacht wurden. Mit dieser Arbeit mussten viele gängige Grundannahmen über den Geschlechterunterschied, wie beispielsweise, Mädchen seien sozialer, beeinflussbarer oder hätten ein geringeres Selbstbewusstsein, korrigiert werden. Schlussendlich blieben in vier Bereichen Geschlechtsunterschiede übrig. Diese Bereiche, die die Autorinnen als „ziemlich gut etabliert“ bezeichneten, betrafen verbale Sprachfähigkeit, räumliche Wahrnehmung, mathematische Fähigkeiten und Aggression. Demzufolge hatten Mädchen und Frauen ausgeprägtere Fähigkeiten in Bezug auf die Sprache, während Burschen und Männer über ein größeres räumliches Wahrnehmungsvermögen und bessere mathematische Fähigkeiten verfügten. Burschen und Männer zeigten zudem ein höheres Aggressionspotenzial.

Jahrzehnte später griff Janet S. Hyde[6] diese Thematik erneut auf und führte 2005 eine Meta-Analyse durch. Darin werden zahlreiche durchgeführte Untersuchungen zu einem Forschungsgegenstand miteinander verglichen, ausgewertet und zusammengefasst. Hyde verarbeitete Ergebnisse aus insgesamt mehreren tausend Studien. Sie überprüfte mögliche Unterschiede für insgesamt 124 Verhaltens- und Fähigkeitsbereiche: Darunter fielen mathematische und sprachliche Leistungen, Wahrnehmung, Motorik, aber auch Aspekte wie Aggression, Sexualverhalten oder Lebenszufriedenheit. Ziel einer Meta-Analyse ist es, Effektgrößen zu bestimmen. Das heißt in unserem Fall, dass sie aufgrund der vorliegenden Studien die Größe des jeweiligen Unterschiedes zwischen den Geschlechtern berechnete. Auf der Grundlage der Analysen kategorisierte sie die Effektgrößen: „nahe null ($d \leq 0.10$), klein ($0.11 < d < 0.35$), moderat ($0.36 < d < 0.65$), groß ($d = 0.66–1.00$) oder sehr groß (> 1.00)“. Janet S. Hyde kam zu einem höchst erstaunlichen Ergebnis: 30 Prozent der untersuchten Geschlechtsunterschiede wiesen eine Effektgröße, die nahe null war, auf und weitere 48 Prozent kamen auf eine „kleine“ Effektgröße. Das heißt konkret, dass 78 Prozent der Geschlechterdifferenzen

„klein“ oder gar „nahe null“ sind. Die größten Unterschiede wiesen einige motorische Handlungen, wie z. B. Weitwerfen, auf. Männer werfen ein Wurfgeschoss besser als Frauen, d. h., sie werfen deutlich schneller und deutlich weiter. Hier war die Effektgröße „sehr groß“. Unterschiede mit Effektgröße „groß“ gab es in zwei Bereichen der Sexualität und sie betrafen die Häufigkeit der Masturbation und die Haltung zu Sex ohne Beziehung. In beiden Bereichen waren Männer vorherrschend. Überraschend ist, dass der Unterschied im Bereich der Aggression nur die Effektgröße „moderat“ erreichte und dabei nur in einigen Aggressionsaspekten. Nur zehn Jahre später unternahmen der US-Amerikaner Ethan Zell[7] und seine Kolleg*innen erneut eine Meta-Analyse, in der sie Daten von 20.000 Einzelstudien verarbeiteten. Sie bestätigten die Ergebnisse von Janet S. Hyde. Auch in ihrer Meta-Analyse hatten 85 Prozent der erfassten Unterschiede eine Effektgröße von klein bzw. sehr klein.

Mit einer Datenlage, die derart geringfügige Unterschiede aufzeigt, lässt sich schwerlich ein Wesensunterschied zwischen Frauen und Männern konstruieren. Janet S. Hyde formuliert in Abgrenzung zu der gängigen Annahme der Verschiedenheit der Geschlechter die Hypothese von der Ähnlichkeit der Geschlechter. Die Geschlechter, so folgert sie, kennzeichne nicht in erster Linie die Unterschiedlichkeit, sondern ihre Ähnlichkeit. Die australische Männlichkeitsforscherin Raewyn Connell urteilt auf der Grundlage dieser Daten: „Die Annahme einer Charakterdichotomie zwischen Frauen und Männern ist auf überwältigende, entscheidende Weise widerlegt worden. Die insgesamt bestehende psychologische Ähnlichkeit von Männern und Frauen auf Gruppenebene kann auf der Grundlage des Umfangs der sie stützenden Belege als eine der am besten gesicherten Verallgemeinerungen in den Humanwissenschaften gelten.“[8] Und auf eine andere Art bringt es die US-amerikanische Soziologin Judith Lorber auf den Punkt, wenn sie formuliert: „Es gibt nichts wesenhaft Weibliches oder Männliches beim Menschen, keine essentielle Weiblichkeit oder Männlichkeit.“[9] Wenn es aber keinen wesenhaften Unterschied zwischen den Geschlechtern gibt, dann kann es ihn auch nicht im Trauerverhalten zwischen den Geschlechtern geben, sondern es ist von einer „Ähnlichkeit“ auszugehen. Worin sind dann die vielfach diagnostizierten Unterschiede zu sehen oder wie sind sie zu interpretieren?

Soziales Geschlecht

Obwohl sich die Geschlechter ähneln und sich keine wesenhaften gravierenden Unterschiede ausmachen lassen, ist die Unterschiedlichkeit von Männern und Frauen im Alltagsbewusstsein dennoch tief verankert. Deutlich erkennbar wird sie in der gesellschaftlichen Hierarchisierung von Männern und Frauen. Darin zeigt sich, dass die Gruppe der Männer als privilegiert anzusehen ist und die Gruppe der Frauen folglich als ihnen untergeordnet. Im alltäglichen Leben werden Menschen in einer unhinterfragten Selbstverständlichkeit als männlich oder weiblich erkannt und zugeordnet. Ins Bewusstsein wird diese Kategorisierung dann geholt, wenn Irritationen auftreten und Geschlecht und Erscheinungsbild nicht in unser Zuordnungsschema passen, beispielsweise wenn eine Frau mit einer tiefen Stimme oder ein Mann mit einer hohen Stimme spricht. Oder wenn wir Menschen an ihrem Gang und in ihrem Erscheinungsbild falsch einordnen. Es gibt also spezifische Verhaltensweisen, an denen man das Geschlecht zu erkennen glaubt. Gleichzeitig prägen diese Verhaltensweisen auch die Erwartungshaltung an einen Menschen, wenn er oder sie als ein bestimmtes Geschlecht erkannt worden ist. Der bekannte Männerpsychotherapeut Björn Süfke spricht nach wie vor von „geschlechts*typischen*

Verhaltensweisen"[10]. Und in Bezug auf die Trauer halten es Wolfgang Müller-Commichau und Roland Schaefer sogar *„geboten, von tendenziell eher männlichen und tendenziell eher weiblichen Trauer-Konturen zu sprechen"*[11].

Wenn man von der psychologischen Ähnlichkeit der Geschlechter ausgeht, dann gibt es kein Verhalten, kein Handeln, Denken und Fühlen, das ausschließlich und exklusiv einem Geschlecht vorbehalten wäre. Alle menschlichen Verhaltensweisen sind allgemein menschliche Handlungsweisen, die jedem Menschen, gleich welchen Geschlechts und welcher Kultur etc., zur Verfügung stehen. Allerdings ist auch offensichtlich, dass Menschen aus dem ganzen ihnen zur Verfügung stehenden Verhaltensinventar nicht alle Verhaltensweisen aktivieren und ausbilden. Vielmehr entwickelt ein Individuum in besonderer Weise jene Handlungsweisen, die es zur Bewältigung seiner Lebenslagen benötigt. Darin ist es auf die Resonanz von anderen angewiesen. Ähnliche Erfahrungen unterschiedlicher Menschen in der Bewältigung vergleichbarer Lebensumstände kann dann auch zu ähnlichen Verhaltensmustern führen. Geschlecht stellt in der Gesellschaft also weniger eine biologische, denn eine soziale Kategorie dar. Das heißt, dass sich die Idee von einer eindeutigen Geschlechtszugehörigkeit auf das Zusammenleben von Menschen auswirkt und es ordnet. „Das Geschlecht einer Person entscheidet über ihre soziale Rolle, regelt ihre sozialen Beziehungen und gibt Darstellungs- und Verhaltensweisen sowie Tätigkeits- und Arbeitsbereiche vor. Damit bestimmt die Kategorie Geschlecht Zugangschancen zu sozialen und materiellen Ressourcen."[12] Die Auswirkung dieser sozialen Kategorisierung auf der persönlichen Ebene beschreibt Judith Lorber folgendermaßen: „[S]obald ein gender [soziales Geschlecht, Anm. d. Autors] zugewiesen ist, werden die Individuen von der sozialen

Ordnung nach stark vergeschlechtlichten Normen und Erwartungen konstruiert und auf sie festgelegt."[13] Damit ist ausgesagt, dass in den Geschlechtergruppen, die durch die soziale Kategorie Geschlecht geschaffen werden, ähnliche Verhaltensweisen ausgebildet werden können, die jedoch keine wesensmäßigen Eigenschaften von Männern oder Frauen darstellen. So gesehen ist die Rede von weiblichen und männlichen Eigenschaften höchst problematisch, weil sie die Wirklichkeiten erst schafft. Werden pflegerische Tätigkeiten in erster Linie Frauen zugeschrieben und in der Tat zum Großteil von Frauen ausgeübt, handelt es sich dennoch nicht um eine spezifisch weibliche Fähigkeit. Vielmehr wird hier eine allgemein menschliche Fähigkeit aufgrund gesellschaftlicher Konventionen vorrangig Frauen zugeordnet. In ähnlicher Weise sind auch technische Fertigkeiten als keine spezifisch männlichen Anlagen auszuweisen, wenngleich sie in erster Linie mit Männern assoziiert werden und in diesem Bereich eine Mehrzahl von Männern tätig ist. Gesellschaftliche Konventionen entwickeln eine große Wirkmacht und es bedarf großer Anstrengungen, sie zu durchschauen.

Wenn Björn Süfke von „geschlechtstypischen Verhaltensweisen" spricht, dann darf dieser Begriff nur mit äußerster Sorgfalt benutzt werden. Er bezieht sich auf Verhaltensphänomene, die in einer Geschlechtergruppe aufgrund von Zuschreibung, Sozialisation und Lebenslagen vermehrt beobachtbar sind. Sie sind jedoch keine Wesenseigenschaft und sind deshalb sowohl auf der Ebene der Gruppe als auch auf der Ebene der Person als variabel und änderbar anzusehen. Die mit den Geschlechtergruppen in Zusammenhang gebrachten Verhaltensweisen werden nie von allen Mitgliedern und auch nicht in gleichem Ausmaß ausgeführt. Trotz ähnlicher Erfahrungen bleiben Unterschiedlichkeiten bestehen. Das Individuum selbst kann in der Interaktion mit

Mitmenschen, je nach Erfahrung, Zeit und Umständen, äußerst variable Verhaltensweisen ausprägen. Personen sind nie auf ein bestimmtes Verhalten fixiert, auch nicht als Angehörige einer bestimmten Geschlechtergruppe.

MÄNNLICHE LEBENSWELTEN

Richten wir den Blick nun auf die männlichen Lebenswelten. Welche lebensweltlichen Umstände und Strukturen prägen die Wege von Männern? Welche Reaktionen ruft dies hervor? Lassen sich ähnliche Verhaltensmuster in der Bewältigung des Alltags erkennen? Und wenn ja, wie weit reichen sie?

Der französische Philosoph und Soziologe Pierre Bourdieu beschäftigte sich intensiv mit diesen Fragen und fand in seinen Forschungsaufenthalten unter den Berbern in Algerien schlüssige Erklärungen. Für ihn wird der männliche Habitus – damit meint er die Art und Weise, wie sich ein Mann gibt bzw. wie ein Mann agiert – „konstruiert und vollendet in Verbindung mit dem den Männern vorbehaltenen Raum, in dem sich, unter Männern, die ernsten Spiele des Wettbewerbs abspielen“[14]. Dies bedeutet, dass die Art und Weise, wie Männer miteinander in Beziehung treten, Männlichkeit und Männlichkeitsmuster kreiert. Mannsein, so lässt sich folgern, entscheidet sich in erster Linie in der Beziehung zu anderen Männern. Hier werden Ideale, Regeln und Muster entwickelt, die dann als männlich gelten und die Möglichkeit bieten, männlich zu agieren. Dabei geht es um die ernsten Spiele des Wettbewerbs. Wettbewerb prägt das Zusammensein von Männern. Im Wettbewerb geht es darum, zu bestehen, sich durchzusetzen, im besten Fall Sieger zu werden, dem sich die anderen Teilnehmenden nachreihen müssen. Pierre Bourdieu spricht von der „libido dominandi“, der Lust zu dominieren, zu herrschen, die in der wettbewerbsförmigen Vergemeinschaftung von Männern ihre Wurzel hat. Der männliche Imperativ „Setz dich durch!“ hat hier seinen Ursprung. Entscheidend ist zudem, dass Frauen von diesen Spielen ausgeschlossen sind. Ihnen wird die Rolle der Zuschauerinnen bzw. der „schmeichelnden Spiegel“ zugewiesen. In modernen Gesellschaften stellen Ökonomie, Politik, Wissenschaft, religiöse Institutionen, Militär, aber auch Vereine, Clubs, Freundeskreise etc. jene den Männern vorbehaltenen Räume des Wettbewerbs dar.[15] Macht, Dominanz, Wettbewerb, Konkurrenz und Hierarchie werden so zu prägenden Erfahrungen aller Männer unserer Gesellschaft und stellen wesentliche Elemente von Männlichkeit dar.

Hegemoniale Männlichkeit

Auch die australische Männlichkeitsforscherin Raewyn Connell beforschte männliche Lebenswelten in zahlreichen Studien. Nach ihr gibt es in unterschiedlichen Kulturen – aber auch in unterschiedlichen Gruppen und Settings einer bestimmten Kultur – vielfältige Formen, Mannsein zu leben und zu erlernen. Allerdings, wie Connell betont, gelten diese verschiedenen Formen von Männlichkeit innerhalb einer Gesellschaft nicht als gleichwertig. Im Gegenteil, sie werden bewertet und sind hierarchisch zueinander in Beziehung gesetzt. Connell bezeichnet jene Form von Männlichkeit, die die Dominanz von Männern und die Unterordnung von Frauen garantiert, als die „hegemoniale Männlichkeit“[16]. Diese hegemoniale Männlichkeit dominiert gleichzeitig auch andere Formen der Männlichkeit.

Connell nennt untergeordnete Männlichkeiten – wozu sie beispielsweise homosexuelle Männer zählt – sowie marginalisierte (an den Rand gedrängte) Männlichkeiten, die durch andere ethnische Zugehörigkeit oder auch z. B. durch Obdachlosigkeit bestimmt sein können.[17] Eine vierte Form von Männlichkeit beschreibt Connell als „komplizenhafte Männlichkeit". Sie erfüllt zwar nicht die Standards einer hegemonialen Männlichkeit, kann aber durch die sogenannte „patriarchale Dividende" von ihr gestützt werden. Männer, die eine komplizenhafte Männlichkeit verkörpern, sind nicht aktiv am Erhalt männlicher Macht beteiligt, aber sie profitieren aufgrund dessen, dass sie Angehörige des männlichen und damit privilegierten Geschlechts sind. Diese Privilegierung wird „patriarchale Dividende" genannt. Ein Beispiel dafür wäre jener Mann, der Karriere macht, weil seine weiblichen Mitbewerberinnen aufgrund der Möglichkeit, dass sie Kinder bekommen könnten, von Vorgesetzten nicht berücksichtigt werden. Der Großteil der Männer verkörpert eine komplizenhafte Männlichkeit.

Ein wichtiges Kennzeichen aktueller Männlichkeitskonstruktionen ist in der männlichen Berufstätigkeit zu sehen. Bezahlte Erwerbsarbeit stellt die Grundlage für die Herausbildung männlicher Geschlechtsidentität dar.[18] Hier werden in vielen Bereichen Macht, Konkurrenz, Wettbewerb und Hierarchisierung erlebt und gelebt.

Im hier vorgestellten Sinne ist Männlichkeit als Beziehungsgeschehen anzusehen. Jeder Mann ist eingebunden in die Gruppe der Männer, deren Beziehungen geprägt sind von Dominanz, Konkurrenz und Hierarchie. Jeder Bub muss lernen, sich innerhalb dieses männlichen Beziehungsnetzes zu bewegen und zu positionieren. Die Eigenart männlicher Konkurrenz ist nun, dass sie nicht nur trennt, sondern auch verbindet. Die Gleichzeitigkeit von Wettbewerb und Solidarität ist ein entscheidendes Kennzeichen männlicher Lebensweise.[19] Pierre Bourdieu drückt diese paradoxe Form der männlichen Bezogenheit im Gegensatzpaar „Partner-Gegner“[20] aus. Auf der persönlichen Ebene bedeutet diese Gleichzeitigkeit, dass der jeweils andere Mann ein Partner sein kann, zu dem man Nähe, Vertrauen und Freundschaft aufbauen kann. Dieser andere Mann kann aber gleichzeitig auch ein potenzieller Gegner sein, der verletzen und von dem Gefahr ausgehen kann.

Diese Form der Vergemeinschaftung in einer männerdominierten Gesellschaft hat große Auswirkungen auf die Persönlichkeitsentwicklung von Männern. Der Sozialpädagoge Lothar Böhnisch spricht von „Externalisierung“[21]. Damit meint er die männliche Neigung, sich – vor allem in Krisensituationen – außengerichtet zu verhalten, das Innen zu verschließen und die dort entstehenden Gefühle abzuspalten. Dieses „Nach-außen-gedrängt-Sein“, „Nicht-innehalten-Können“ hat einerseits zur Folge, dass ein Einfühlen in andere erschwert wird. Es stärkt zwar im Konkurrenzverhalten anderen gegenüber, schwächt aber die „Sensibilität für Fürsorglichkeit“[22]. Aufgrund der Externalisierung kann andererseits die Begegnung mit dem eigenen Innen zur Gefahr werden. Viele Männer tun sich dann schwer, mit den eigenen und folglich auch mit den Problemen anderer umzugehen. Sie sind eher darauf ausgerichtet, zu funktionieren und für Probleme eine schnelle Lösung zu suchen. Die Konfrontation mit dem Innen, mit den eigenen Gefühlen und Bedürfnissen, kann dabei als hinderlich erlebt werden. „Das männliche Externalisierungsprinzip beinhaltet immer eine Warnung vor dem Innen: Wenn du dich Gefühlen hingibst, dich mitreißen lässt, dann bist du verloren, ausgeliefert, dann hast du keine Kontrolle mehr über dich selbst, dann kannst du nicht mehr funktionieren."[23] Um funktionieren zu können, muss alles unter Kontrolle gehalten werden. „Cool sein. Keine Gefühle zeigen, die Risiken fest im Auge"[24] wird zu einem prägenden männlichen Ideal. Dass Männern oft pauschal die Fähigkeit, Emotionen zu erleben und zu äußern, abgesprochen wird, mag hier seinen Ursprung haben. Die Vielfalt an Gefühlen, die mit dem Menschsein verbunden sind, erleben aber auch Männer. Allerdings sind sie im Beziehungsmodus des Partner-Gegners gezwungen, Gefühle zu kontrollieren. Dies dient einerseits dem eigenen Schutz, um keine Angriffsfläche durch zu große emotionale und persönliche Offenheit zu bieten. Andererseits steckt darin auch das Motiv der Verantwortung, um einen kühlen Kopf zu bewahren und handlungsfähig zu bleiben. Gefühle werden dann zurückgehalten oder sogar unterdrückt. Kommen sie doch zum Vorschein, dann gilt es, die Haltung zu bewahren oder sie rasch wieder zurückzugewinnen. Eine Ausnahme bilden Aggressionen. Sie werden Männern zugestanden und können bis zu einem gewissen Grad risikolos ausagiert werden.

Aus dem Zurückhalten der Gefühle, verbunden mit dem Zwang zur Kontrolle, ergibt sich eine ganz eigenartige Stummheit sich selbst gegenüber. Männer, so Böhnisch, „reden viel und ritualisiert über alles Mögliche – Autos, Wetten, Technik, Frauen, Fußball, die Chefs, abwesende Konkurrenten –, nur selten über sich selbst"[25]. Das würde ja bedeuten, mit seinem Innern in Kontakt zu kommen. So ist auch die Kommunikation unter Männern nach außen gerichtet; sie wendet sich an den anderen. Die amerikanische Kommunikationsforscherin Deborah Tannen spricht davon, dass Gespräche in der Lebenswelt von Männern dazu neigen, „Verhandlungen" zu sein, „bei denen man die Oberhand gewinnen und behalten will und sich gegen andere verteidigt, die einen herabsetzen und herumschubsen wollen"[26].

Für Lothar Böhnisch ist diese Externalisierung zum einen „Folge der zentrifugalen Dynamik des frühkindlichen Ablösungsdrucks des Jungen von der Mutter und der fragilen Vatersuche", zum anderen ist sie dem „Zwang zur ökonomischen Verfügbarkeit" in einer kapitalistischen Welt geschuldet.[27] In dieser wissenschaftlich dichten Formulierung wird etwas angesprochen, das es lohnt, differenzierter betrachtet zu werden. In einer männerdominierten kapitalistischen Gesellschaft stehen Säuglingen und Kindern selten beide Eltern in ausgewogenem Maße bei ihrem Aufwachsen zur Verfügung. Für den Großteil der Kinder ist in erster Linie die Mutter Quelle inniger Bezogenheit und Versorgung. Dem Vater kommt vorrangig die materielle Versorgung über die Berufstätigkeit zu. Dies hat zur Folge, dass er zu den Kindern in räumliche und emotionale Distanz gerät. In dieser Konstellation wird die Hierarchie zwischen den Geschlechtergruppen deutlich. Für die Identitätsentwicklung eines kleinen Buben bleibt dies nicht ohne Folge. In der Suche nach seiner männlichen Identität ist er gezwungen, sich von der nahen Frau / Mutter abzuwenden und nach dem fernen Mann / Vater Ausschau zu halten. Man kann darin einen ersten Schritt der Externalisierung erkennen. In der Hinwendung zum Vater wächst er in die Männerwelt hinein, deren prägender Rahmen die Berufswelt ist. In dieser Männerwelt der Arbeit geht es erst recht darum, verfügbar zu sein. In dieser Abgrenzungs- und Zuwendungsdynamik drückt sich gleichzeitig eine Hierarchisierung aus, die einerseits eine Abwertung von Frauen und allem, was als „weiblich" angesehen wird – wie Pflege und Emotionen –, bedeutet und andererseits mit einer Idealisierung von Mannsein und männlichen Lebenswelten verbunden ist.

Die Strukturelemente einer männlichen Sozialisation unter den Bedingungen einer hegemonialen Männlichkeit lassen sich zusammenfassen mit: Partner-Gegner, Dominanz, Konkurrenz, Hierarchie, Externalisierung, Kontrollzwang, Abwertung des Weiblichen und anderer Gruppen von Männern. Es sind Strukturen, mit denen sich jeder Mann unserer Gesellschaft in seinem männlichen Werdegang auseinandersetzen muss. Sie prägen die Lebens- und Entwicklungswege von Männern.

Gegenentwürfe

Es bleibt zu betonen, dass sich nicht alle Männer so entwickeln (müssen), wie es das Bild einer hegemonialen Männlichkeit mit seinen Strukturelementen vorgibt. Es stellt keine schicksalshafte Seinsaussage über Männer dar, sondern gibt vielmehr einen Rahmen für männliche Lebensentwürfe ab, mit dem jeder Mann unterschiedlich umgeht. So lässt sich neben der Gruppe von Männern, die sich mit dem Bild einer hegemonialen Männlichkeit stark identifizieren, eine viel größere Gruppe ausmachen, die auf vielfältige Art und Weise dieses Bild modifiziert. Mittlerweile sind auch Gegenentwürfe zu traditionell hegemonialen Männlichkeitsbildern erkennbar. Den Kern dieser alternativen Entwürfe bildet eine „sorgeorientierte Männlichkeit". Die Sorge um sich selbst, um andere und um die Umwelt stehen im Mittelpunkt dieses männlichen Lebensvollzuges. Karla Elliott sieht „sorgeorientierte Männlichkeit"[28] als männliches Identitätskonzept, das Dominanz über Frauen und andere Männer ausschließt. Gleichstellung und Kooperation mit allen Geschlechtern macht den Kern dieses Konzeptes aus. Gleichzeitig geht es einer sorgeorientierten Männlichkeit um die besonderen Qualitäten von Sorge, wie sie beispielsweise in der feministischen Care-Ethik beschrieben werden: Bezogenheit, das Bewusstsein wechselseitiger Abhängigkeit, Affektivität, Empathie und Verantwortung. Konkret äußert sich dies darin, dass Männer beispielsweise ihre

Berufsarbeit zugunsten der Sorge um ihre Kinder und Familien oder um alte, kranke, pflegebedürftige und sterbende Familienmitglieder reduzieren. Sorgende Männlichkeit zeigt sich auch darin, dass Männer sich aktiv um die Beziehungsgestaltung in der Familie, im Freundeskreis und in ihrem sozialen Umfeld bemühen, Fürsorge in der Berufswelt leben oder Verantwortung im Umgang mit der Umwelt übernehmen. Zum Bild einer sorgenden Männlichkeit gehört ganz wesentlich die Selbstsorge, die aufmerksam gegenüber körperlichen wie seelischen Befindlichkeiten ist.

II.
DIE PROZESSE DER TRAUER UND DIE MUSTER VON MÄNNLICHKEIT

Der Streifzug durch männliche Lebenswelten unter den Rahmenbedingungen einer von Dominanz, Konkurrenz, Hierarchie und Berufstätigkeit geprägten hegemonialen Männlichkeit hat gezeigt, dass für die männliche Lebensgestaltung Externalisierung im Vordergrund steht. Dies hat auch Implikationen für die Prozesse der Trauer. Als Teil eines inneren Gefühlserlebens ist sie in der „Männerwelt" eher stark mit abwägender Kontrolle verbunden. Wie steht nun Trauer mit den Mustern von Männlichkeit in Zusammenhang? Dieser Frage soll im folgenden Kapitel nachgegangen werden. Ausgehend von Fallbeispielen werden die vielfältigen Prozesse der Trauer dargestellt und vor dem Hintergrund vorherrschender Muster von Männlichkeit erschlossen.

MÄNNER IN TRAUER

Für Herrn Moser brach eine Welt zusammen. Ein Routinescreening brachte zu Tage, dass seine Frau mit 55 Jahren an Brustkrebs in weit fortgeschrittenem Stadium litt. Ein Freund legte ihm nahe, sich Hilfe zu holen. Nun saß er in der Praxis und war in großer Sorge, wie er seine Frau unterstützen könnte, obwohl er sich doch selbst elend fühlte. Er konnte es nicht fassen, dass sein Leben mit diesem Menschen, mit dem er alles – wirklich alles bis hin zum „after work drink" – gemeinsam gemacht hatte, nun so brutal zu Ende gehen sollte. Immer wieder überkam ihn – auch während des Arbeitstages – das Gefühl, nicht mehr weiter zu können. Dann zog er sich für ein paar Augenblicke zurück, um danach wieder zu funktionieren. Im Arbeitsalltag wussten nur seine engsten Mitarbeiter*innen um seine Situation. Sie nahmen Rücksicht auf seine Bedürfnisse und hielten ihm für diese Rückzüge den Rücken frei. Er hatte große Angst vor dem drohenden Verlust. Gleichzeitig wollte er seiner Frau ein guter Partner sein und ihr in ihrer Krankheit bestmöglich zur Seite stehen.

Rund eineinhalb Jahre später saß Herr Moser wieder in der Praxis. Seine Frau war mittlerweile sieben Monate tot. Wieder hatte man ihm nahegelegt, Hilfe in Anspruch zu nehmen. So wie er damals Angst hatte, seiner Frau nicht die richtige Unterstützung geben zu können, so plagte ihn jetzt die Angst, nicht richtig trauern zu können. Er hatte noch nie geweint, nicht einmal während des Begräbnisses. Zum letzten Mal geweint hatte er als Kind. Deshalb fragte er sich, ob er normal sei, zumal er auch das Befremden seiner Umwelt über seine „kühlen Reaktionen" spürte. Erst auf Nachfragen berichtete er auch von anderen Phänomenen, die er jedoch noch niemand anvertraut hatte. So quälte ihn immer wieder eine unerträgliche Leere, die ganz plötzlich über ihn hereinbrach. In solchen Situationen zog er sich dann für einige Momente zurück. War dies – beispielsweise während der Arbeit – nicht möglich, schaltete er auf „Autopilot", verrichtete seine Tätigkeiten automatisiert und versuchte, Haltung zu bewahren. Es quälte ihn die Frage, ob es normal sei, wenn er so lange nach dem Tod seiner Frau solche Anfälle hat. Ebenso berichtete er von Momenten, wo er knapp davorstand, zu weinen. Dies passierte dann, wenn er sich an Szenen aus dem gemeinsamen Leben mit seiner Frau erinnerte. Auch konnte es vorkommen, dass Film- oder TV-Szenen ihn zu Tränen rührten. Seine Tränen blieben aber immer „stecken", wie er schilderte, sie traten ihm in die Augen, konnten aber nicht fließen. „Aber es hilft nichts", sagte er, „das Leben muss weitergehen."

Mein erster Impuls auf seine Schilderungen war, zu „normalisieren“. Normalisieren ist eine Technik in der Trauerbegleitung, mit der man Menschen, die sich in ihrem Trauerverhalten als nicht normal erleben, stützen und stärken möchte. In einem ersten Schritt werden Trauernde eingeladen, ihr Erleben zu erzählen. Ausgehend von dem Erzählten wird dann gemeinsam herausgearbeitet, wie jedes Element des Erlebens in Beziehung zum Verlust steht. Das Ziel besteht darin, den Trauernden die Erkenntnis zu ermöglichen, dass ihr Erleben eine angemessene Reaktion auf den Verlust ist, den sie erlebt haben, und deswegen als „normal“ anzusehen ist. Betroffene sollen ihr Erleben als normale Trauer anerkennen können, auch wenn ihrem Empfinden nach ihr Trauerverhalten von einem vermeintlich allgemein verbreiteten Bild von Trauer abweicht.

Dieses Bild von erwarteten Trauerreaktionen, dem viele Trauernde in ihrer Umwelt begegnen, lässt sich kurz zusammengefasst folgendermaßen beschreiben: Ein Mensch, der den Verlust einer ihm nahestehenden Person hinnehmen muss, ist für eine gewisse Zeit erfüllt von dem Gefühl der Trauer, das sich in emotionalen Äußerungen wie z. B. Weinen, Verzweiflung, Lustlosigkeit, Zurückgezogenheit … zeigt. Nach einer Zeitspanne kehrt im Leben der Zurückgebliebenen wieder der normale Alltag ein. Es hat ein Loslösen von der verstorbenen Person stattgefunden und Gefühle sind wieder kontrollierbar. Ausgehend von diesem tief verwurzelten Bild fragen sich so manche Menschen, ob sie denn überhaupt richtig trauern, wenn ihre Reaktionen dem nicht entsprechen. Der Widerspruch zu diesem Bild in seinem inneren Erleben veranlasste auch Herrn Moser, an seiner Normalität zu zweifeln. Dort, wo er das Gefühl hatte, er sollte Trauer und Tränen zeigen, verstummte er und verspürte eigentlich nichts – außer Leere. Und Anfälle dieser Leere überkamen ihn selbst dann noch, als für ihn schon längst wieder alles im Lot sein sollte. So fragen sich viele Menschen in ähnlichen Fällen, ob sie verrückt seien, weil ihre Reaktionen zu heftig, zu flach, zu ausgefallen sind oder zu lange dauern. In vielen Trauerbegleitungen ist es deshalb zunächst einmal notwendig, auf die Vielfältigkeit der Trauerreaktionen zu verweisen, sodass Betroffene ihr Verhalten als angemessenen Ausdruck des Verlusterlebens begreifen lernen.

Vielfalt der Trauer

Hinter dem „Normalisieren" als Technik in der Trauerbegleitung steckt zunächst die tiefgreifende Erkenntnis, dass es dieses eine beschriebene Bild der Trauer nicht gibt. Es gibt nicht nur die eine Form der Trauer und auch nicht nur den einen Ausdruck dafür. Trauer kann viele Gesichter haben. Eine Vielfalt von Gefühlen, Gedanken, Verhaltensmustern, Impulsen … kann zum Ausdruck der Trauer werden. Viele unterschiedliche Gefühlszustände können auftreten. Neben der Trauer, die man als Leitgefühl im Trauern bezeichnet, können auch Gefühle des Verlassenseins, der Angst, der Wut auftreten ebenso wie Schuld, Scham, Hilflosigkeit, Ohnmacht, Leere u. v. m. Sie können zudem in völlig unterschiedlicher Intensität erlebt werden. Neben heftigen Gefühlsausbrüchen kann emotionale Leere oder ein Gefühl der Kälte vorhanden sein. Ebenso kann sich Erleichterung oder tiefe Einsamkeit einstellen. Auf der Verhaltensebene kann sich Trauer in Form von Apathie, Hysterie, Betäubungsverhalten durch Medikamente oder Drogen – insbesondere durch Alkohol –, extensiver Reizsuche (auch mittels Sexualität), Selbstverletzung (bis hin zum Suizid), Ess- und Schlafstörungen, sozialem Rückzug … äußern. Trauernde können von der verstorbenen Person träumen, sich nach ihr sehnen, sie suchen oder sie als anwesend erleben. Sie können Gegenstände, die an sie erinnern, mit sich tragen oder genau das Gegenteil machen und alles wegräumen, was an die verstorbene Person erinnert. Schließlich kann Trauer auf der kognitiven Ebene Verleugnung, Gedankenleere oder Gedankenrasen bewirken. Sie kann auf der somatischen Ebene Schmerzen, motorische Unruhe und Herz-Kreislaufstörungen hervorrufen. Sehr häufig ist ein sozialer Rückzug bemerkbar.[29] Viele, oft gegensätzliche Zustände und Verhaltensweisen bringen Trauer zum Ausdruck. Denn das Trauergeschehen ist, wie Christian Metz sagt, „ein außerordentlich individueller, komplexer und vielschichtiger Vorgang“[30]. Angesichts dieser Vielfalt ist es beinahe unmöglich, ein bestimmtes Verhalten als normal im Sinne einer allgemein gültigen Trauerform zu bezeichnen. Entscheidend ist vielmehr, ob und wie dieses Verhalten in Bezug zu dem Verlust steht. Erst dieser Bezug macht ein Verhalten zum normalen Trauern.

Im Kern ist die Trauer das schmerzhafte Erleben eines Verlustes. Sigmund Freud schreibt deshalb in seiner bahnbrechenden Untersuchung zu „Trauer und Melancholie“: „Trauer ist regelmäßig die Reaktion auf den Verlust einer geliebten Person oder einer an ihre Stelle gerückten Abstraktion wie Vaterland, Freiheit, ein Ideal usw.“[31] Trauer ist für Freud eine normale, natürliche und spontane Reaktion auf vielfältige und unterschiedliche Verlusterfahrungen. Sie erfasst eine Person überall da, wo ihr der Verlust von Bedeutendem widerfährt. Trauer hat deshalb einen zutiefst passiven Aspekt: Trauer erfasst mich, nimmt mich mit. Sie kann vielfältige Auslöser haben. Einzelne Gedanken, Bemerkungen, Erinnerungen, Bilder, Gefühle etc. können heftige schmerzhafte innere Prozesse auslösen, die sich bis zur Unerträglichkeit steigern können. Durch diese Trigger ist man schnell überwältigt von einer Vielfalt von Gefühlen und Erlebniszuständen. Viele Menschen sprechen von einem Chaos von

Gefühlen, Gedanken und Verhaltensimpulsen. Dieses Chaos der Trauer äußert sich in tiefster Widersprüchlichkeit. Was bisher Sicherheit gab, gerät ins Wanken. So können Beziehungen zu Familie, Freund*innen und Bekannten plötzlich in einem anderen Licht erscheinen. Vieles, was im Leben der trauernden Person – vielleicht gemeinsam mit der verstorbenen Person – geschaffen und erlebt wurde, kann eine andere Wertigkeit bekommen. Wenn das Gefühlschaos von Verlassensein, Angst, Wut, Schuld, Scham, Hilflosigkeit, Ohnmacht und Leere Trauernde überwältigt, erleben sich diese nicht selten als verrückt. Und in der Tat, durch den Tod des nahen Menschen wurde ihr Leben ver-rückt in dem Sinn, dass es in eine neue Bahn gestellt wurde.

Trauer enthält aber auch aktive Anteile. Sie erfordert ein Handeln. Dieses Handeln besteht zunächst darin, dass ich den Schmerz zulasse, dass ich die Gefühle, die Gedanken und die Verhaltensimpulse, die dieser Schmerz nach sich zieht, wahrnehme und mich mit ihnen auseinandersetze. Viele Fragen umkreisen die verstorbene Person. Wer war sie? Wer war sie mit mir? Was hat uns verbunden in all den schönen, aber auch schmerzlichen Erlebnissen? Was hat uns bereichert, was hat uns eingeschränkt? Was haben wir verabsäumt? Wie waren wir mit unserer Umwelt verbunden, mit den Menschen um uns herum? Wer bin ich nun? Wie kann ich ohne sie leben? Warum musste sie sterben? Wie gehe ich mit meiner eigenen Sterblichkeit um? All die vielfältigen Aspekte unserer Beziehung und die Herausforderungen der neuen Lebenssituation werden in der Trauer gefühlt, durchdacht, durchlebt, bewertet und neu geordnet. Im Durchleben dieses emotionalen Erkenntnisprozesses der Trauer nähert sich die trauernde Person den veränderten Umständen des eigenen Lebens an und rückt ihr Leben dadurch wieder zurecht. Trauer als aktiver Prozess zeigt sich aber auch noch in einem anderen Bereich. Es erfordert ein aktives Lernen. Die hinterbliebene Person muss sich in all jenen Bereichen zurechtfinden, für die bisher der verstorbene Partner bzw. die Partnerin zuständig war. Ein Witwer muss möglicherweise erst lernen, sich selbst zu versorgen, ein Elternteil, nun alleinerziehend zu leben … Die trauernde Person muss üben, den Lebensalltag ohne die verstorbene Person zu bewältigen.

In der Trauer geschieht ein Veränderungsprozess, eine Transition, an deren Ende ein Selbst steht – das Selbst der trauernden Person, das sich neu formiert hat: „Ich habe mich verändert. Ich werde von einem Menschen, der in enger Verbindung mit der verstorbenen Person das Leben bewältigt hat, zu einem, der nun ohne sie dieses Leben neu gestalten muss." Das ist ein mitunter schmerzhafter Prozess. Der Verlust eines geliebten Menschen, ein von außen einwirkendes Ereignis, zwingt diesen Prozess auf. Durch die Trennung wird das bisherige Leben in Frage gestellt und verlangt eine Neuorientierung. Dies betrifft Trauernde sowohl in ihrem Denken als auch in ihrem Fühlen und Handeln.

Trauer erfolgt in Wellen

Menschen, die in einem aktuellen Trauergeschehen stehen, wissen von einer bleiernen Schwere zu berichten, von der sie längere Zeit erfasst sind. Trauer fühlt sich für sie an, als ob sie einen für immer umfangen halten würde. George A. Bonanno, ein US-Amerikaner, der intensiv zu Verlust, Trauma und Trauer forscht, weist es als Eigenart von Trauer aus, dass dieses Chaos – entgegen allen subjektiven Erlebens – keinen dauerhaften Zustand darstellt. Dies wäre nicht auszuhalten. Trauer tritt vielmehr in Wellen auf. Sie wechselt sich mit positiven Gefühlen ab, die den Betroffenen ermöglichen, den Alltag zu bestreiten. „Wir richten unser Augenmerk auf den Schmerz des Verlustes, seine Tragweite und Bedeutung, und dann wenden wir uns geistig wieder unserem direkten Lebensumfeld zu, den anderen Menschen, den Vorgängen in der Gegenwart. Unsere Stimmung hellt sich vorübergehend auf und wir treten wieder in Kontakt zu unserer Umgebung. Dann tauchen wir erneut ab und setzen unseren Trauerprozess fort.“[32] Das Ausmaß der Gefühlsschwankungen ist dabei nicht zu unterschätzen. Bei Trauernden, die nach dem Tod ihrer Lebenspartner*innen gebeten wurden, genaue Tagebuchaufzeichnungen zu ihrem seelischen Wohlbefinden durchzuführen, konnte eine sehr große emotionale Schwankungsbreite festgestellt werden, die erst nach einigen Monaten abzuflachen begann. Diese erste Zeit nach dem Verlust, die von großen Gefühlsschwankungen geprägt ist, wird deshalb auch als „akute Trauer“[33] bezeichnet. Die Intensität und die Dauer gestalten sich individuell sehr unterschiedlich und können in Zusammenhang mit der Nähe zur verstorbenen Person und den Umständen des Todes gesehen werden. Nach einem Zeitraum von 6–12 Monaten geht bei der Mehrheit der Trauernden diese „akute Trauer“ in eine „integrierte Trauer“ über. In dieser Form der Trauer sind das Verlangen nach der verstorbenen Person und der Verlustschmerz in seinen unterschiedlichsten Facetten nach wie vor vorhanden. Es sind Gefühls- und Gedankenzustände, die sich vermehrt im Innern des Menschen abspielen, die aber mittlerweile weniger intensiv sind und zumeist nicht mehr unkontrolliert durchbrechen wie in der akuten Phase. Trauernde können ihr Erleben zunehmend besser steuern und fühlen sich ihm nicht mehr hilflos ausgeliefert. Trauer braucht in jedem Fall Zeit. Hinterbliebene können noch Jahrzehnte nach dem Verlust Gefühle der Trauer empfinden. In Folge von Erinnerungen, nach Gesprächen über die verstorbene Person oder an Jahrestagen kann es zu heftigen Trauerreaktionen kommen. In diesem Sinn kann normale Trauer lange, wenn nicht sogar immer vorhanden sein. Obwohl es einerseits gilt, dass die akute Trauer nach einiger Zeit in integrierte Trauer übergeht, muss man andererseits festhalten, dass es in Bezug auf die Länge der Trauer große Unterschiede geben kann. Für manche Trauernde ist die Zeit der Trauer nach kurzer Zeit vorbei. Demgegenüber brauchen andere eine längere Zeit der intensiven Trauer, z. B. verwaiste Eltern nach dem Tod eines Kindes. Und manche Menschen verspüren ein Leben lang bei gewissen Gelegenheiten Trauer. All diese Formen sind im Bereich normaler Trauer anzusiedeln und nicht als pathologisch anzusehen.

Die von Bonanno beschriebene Wellenförmigkeit der Trauer, das Pendeln zwischen dem Schmerz im Kontakt mit dem Verlust und der gehobenen Stimmung in der Hinwendung zum Alltag, wurde im „dualen Prozessmodell der Bewältigung von Verlusterfahrungen"[34] theoretisch gefasst. Die beiden niederländischen Trauerforscher*innen Margaret Stroebe und Henk Schut[35] haben es auf Basis interkultureller Studien entwickelt. Die Forscher*innen beschäftigten sich intensiv mit der Frage, wie Menschen den Verlust eines ihnen nahestehenden Menschen bewältigen. Der Umstand, dass einige besser damit zurechtkommen, während andere größere Schwierigkeiten haben, führte sie zu der Frage nach den unterschiedlichen Wegen und Strategien, Trauer zu bewältigen. Gibt es Strategien, die vielleicht besser geeignet sind, und andere, die eher weniger hilfreich sind oder gar schaden?

In ihren Forschungen stießen sie zunächst auf das Modell der Trauerarbeit. Nach diesem Modell besteht ein positiv verlaufender Trauerprozess darin, dass Hinterbliebene die Realität annehmen, sich mit den Erinnerungen, Gedanken und Gefühlen, die in Verbindung mit dem Verlust stehen, konfrontieren, sie durcharbeiten und sich so von der verstorbenen Person ablösen. Die

Idee zu diesem Modell geht auf Sigmund Freud zurück. Seine Gedanken formten dieses prägende Modell der Trauerarbeit, das sowohl in der Fachliteratur als auch in der Praxis der Trauerbegleitung bis in die Gegenwart präsent und auch im Alltagsbewusstsein vieler Menschen verankert ist. Dieses Modell steht auch hinter dem eingangs beschriebenen traditionellen Bild der Trauer, dem Herr Moser in der Erwartungshaltung seiner Umwelt begegnet ist. Diese bewirkte in ihm eine starke Verunsicherung, die ihn dann in die Therapie brachte.

Exkurs: Das Modell der Trauerarbeit als Ausdruck männlicher Lebenswelten

In der Entstehungsgeschichte des Modells der Trauerarbeit wird erkennbar, wie Geschlecht als soziale Kategorie auch Trauerprozesse sowohl auf individueller als auch auf gesellschaftlicher Ebene strukturiert und formt. Den Hintergrund bildet die bürgerliche Trauerkultur des 19. Jahrhunderts. Sie findet im Viktorianischen Zeitalter Großbritanniens ihren besonderen Ausdruck. Die Trauerkultur dieser Epoche ist in erster Linie weiblich geprägt. So wird Tod und Trauern vor allem von Frauengestalten verkörpert. Es ist dies die „trauernde Frau als Grabesstatue auf Friedhöfen, die trauernde Mutter mit Anlehnung an das Motiv der Pietà, die Frau am Grab als ikonographisches Motiv, die Klagefrau als Berufsidee, die betende Frau im Beinhaus auf Kupferstichen und in Geschichten – all dies sind Motive, die den Umgang mit dem Tod medial abbilden und kollektive Erwartungen gegenüber den Geschlechtern formen“[36]. Auch das Trauerverhalten ist geschlechtsspezifisch ausgerichtet. So gelten in Großbritannien zwischen 1876–1897 als ideale Trauerzeit für einen Mann, der um seine Frau trauert, drei Monate. Für eine Frau, die um ihren Mann trauert, wird diese Zeit dagegen mit einem

Jahr und einem Tag der Volltrauer und eineinhalb Jahren der Halbtrauer angesetzt. Während der Mann in dieser Zeit in der Öffentlichkeit lediglich einen Trauerflor – meist in Form einer Oberarmbinde – zu tragen hat, sollte eine Frau im Stadium der Volltrauer öffentlich in vollkommen schwarzen Kleidern und vielfach verschleiert auftreten. Auch ist es einem Mann gestattet, jederzeit wieder zu heiraten. Wohingegen von einer Witwe erwartet wird, die zweieinhalb Jahre Trauer abzuwarten und in dieser Zeit allein und zurückgezogen zu leben.[37]

Für eine derartig intensive Trauer musste eine Frau jedoch über genügend freie Zeit und privaten Raum verfügen, um sich zurückziehen zu können. Eine Frau aus dem Arbeitermilieu konnte sich diese Zeit nicht leisten. Sie war im Fall der Verwitwung gezwungen, weiterzuarbeiten und einen Ersatz für den verstorbenen Gatten zu finden, um ihre Kinder durchzubringen. Diesen Regeln zu folgen, war nur Frauen der Oberschicht und der oberen Mittelschicht vorbehalten. Allein Frauen dieser Schicht war es möglich, ein Jahr – oder im Falle der Queen Victoria sogar 40 Jahre – in dieser trauernden Verbindung mit ihrem Gatten zu leben.[38] Die Trauer dieser (Ehe-)beziehung trägt auch eine besondere Symbolik. Sie wird als Ausdruck sowohl der besonderen Bedeutung der Beziehung als auch der besonderen Tiefe der Seele der trauernden Frau gesehen.[39] Diese Vorgaben bedeuteten aber auch Einschränkungen. So begannen gegen Ende des Jahrhunderts die Frauen der oberen Schichten, sich von diesem „Gefangensein in der Welt der Toten" zu befreien, und orientierten sich in ihrer Trauer vermehrt an ihren individuellen Empfindungen und immer weniger an den gesellschaftlichen Normen.

Für die Männer der viktorianischen Oberschicht stellt sich eine völlig anders gelagerte Trauersituation dar. Nach Tony Walter, einem britischen Trauerforscher, wurde von ihnen erwartet, dass sie sich ablenken, indem sie sich der Arbeit widmen.[40] Dies bedeutete jedoch nicht, dass die Männer dieser Zeit nicht trauern. Da das Viktorianische Zeitalter ganz allgemein von starker Emotionalität geprägt war, wurde sie sowohl Frauen als auch Männern zugestanden. Auch Männer trauerten emotional und expressiv. Im Unterschied zu Frauen wurden aber Männer in ihrer Trauer sehr bald ermutigt, wieder zu arbeiten und zu heiraten. Für Männer galt es als „unklug und selbst-verliebt"[41], sich zu lange mit dem Verlust aufzuhalten. Obwohl man Frauen eine lange Zeit der Trauer zumutete, sah man es für Männer als Gefahr an, eine verlängerte und ungesunde Trauer zu entwickeln. Dem wollte man mit dem Rat einer möglichst frühen Wiederaufnahme der Arbeit entgegenwirken.

Diese arbeitsorientierten Männer der oberen Schichten werden Ende des 18. und Anfang des 19. Jahrhunderts im Zuge der Etablierung der westlichen kapitalistischen Gesellschaften zu Trägern eines neuen Männlichkeitstypus. Die „bürgerlich-patriarchale Männlichkeit" ist aufs engste mit Berufstätigkeit verbunden. Sie steht auch im engen Zusammenhang mit den zentralen kulturellen Werten der Moderne wie Effizienz, Vernunft / Rationalität, Zielgerichtetheit und dem Glauben an Fortschritt.[42] Im Zuge dieses männlich geprägten, kapitalistischen Fortschrittsglaubens wird in der Psychologie die Maschine zur Metapher für das menschliche Funktionieren.

Übertragen auf die Prozesse der Trauer bedeutet dies, den Menschen nahezulegen, so schnell als möglich von ihrer hohen Emotionalität wegzukommen und das alltägliche Niveau der Funktionalität und Effizienz wiederzuerlangen. Trauer wird als eine kräftezehrende, emotionale Reaktion gesehen, die den Alltag beeinträchtigt. Insofern ist es naheliegend, von der Aufmerksamkeit über den Verlust möglichst bald wegzukommen. Die Loslösung der Bindung zwischen den Hinterbliebenen und den Verstorbenen wird als der beste Weg der Bewältigung der Trauer angesehen.[43]

Die Grundlage für diese Idee, sich von der Bindung an eine geliebte Person, die verstorben ist, loslösen zu müssen, ist wiederum bei Sigmund Freud zu suchen. Er sieht in der Liebe die Bindung libidinöser Energie an die psychische Repräsentation des geliebten Menschen im Inneren einer Person. Wenn der geliebte Mensch stirbt, bleibt die Libido gebunden an die Gedanken und Erinnerungen an die verstorbene Person. Für Freud ist die Libido das (sexuelle) Begehren als psychische Energie. Diese Energie ist jedoch in jedem Menschen nur in einem begrenzten Umfang vorhanden. Um nach dem Verlust eines Menschen frei für neue Bindungen zu werden, muss nun an jeder Erinnerung und an jeder Erwartung die Lösung dieser Libido vollzogen werden. In diesem Lösen sieht Freud den Kern der Arbeit der Trauer. Nach dem – auf dieser Grundlage von der späteren Trauerforschung konzipierten – Modell der Trauerarbeit besteht ein positiv verlaufender Trauerprozess darin, dass Hinterbliebene die Realität annehmen, dass sie sich mit den Erinnerungen, Gedanken und Gefühlen, die in Verbindung mit dem Verlust stehen, konfrontieren, dass sie ihre Gefühle ausdrücken und sich so von der verstorbenen Person ablösen.[44]

Es lässt sich festhalten, dass das Modell der Trauerarbeit innerhalb eines männlichen Erfahrungshorizonts von männlichen Theoretikern konzipiert wurde. Tony Walter formuliert es pointiert: „Daher ist der Trauernde, der die Trauer schnell hinter sich lässt und zur persönlichen Autonomie zurückkehrt, typischerweise ein Mann."[45] In der Fachwelt wurde dann auch eine allzu lange Zeit der Trauer, die einhergeht mit einer andauernden Bindung an die verstorbene Person, zunehmend kritisch betrachtet und pathologisiert. Diese andauernde Bindung stand aber im Zentrum einer weiblichen Trauererfahrung. Frauentrauer artikulierte nach der österreichischen Religionswissenschaftlerin Birgit Heller[46] Widerstand gegen eine endgültige Trennung durch den Tod. Sie hält fest an einer Beziehung zu dem bzw. der Verstorbenen, die sich mit dem Tod zwar ändert, aber aufrecht bleibt. Erst in der zweiten Hälfte des 20. Jahrhunderts trat mit der Theorie der „continuing bonds"[47] (dt. dauerhafte Verbindungen) diese weibliche Erfahrung ins Zentrum der theoretischen Reflexion. Für Tony Walter ist das kein Zufall. Dieser Wandel erfolgte zu einem Zeitpunkt, an dem der Trauererfahrung von Frauen zunehmend Raum gegeben wurde. Einerseits war in der zweiten Hälfte des 20. Jahrhunderts ein überragender Großteil der in Studien zu Trauer Befragten weiblich. Aber auch die Mehrheit derer, die in dieser Zeit Trauerberatungen ausführen, die über Trauer reflektieren und schreiben, sind Frauen. Wieder sei in diesem Zusammenhang auf die pointierte Aussage Tony Walters verwiesen: „Die wiederentdeckte Stimme der Frauen macht es leichter, über die Bedeutung der Bindung gegenüber der individuellen Autonomie zu sprechen, im Tod wie im Leben, für Männer wie für Frauen."[48]

Zwischen Verlust und Neuorientierung

Neben dem Modell der Trauerarbeit entdeckten Stroebe und Schut in ihren wissenschaftlichen Forschungen auch andere Formen der Trauer. Sie beschreiben Kulturen und Bevölkerungsgruppen, bei denen das intensive emotionale Durcharbeiten des Verlustes wenig oder gar keine Bedeutung hat. Sie revidieren auch die im Modell der Trauerarbeit zu stark betonte Vorstellung von Trauer als passiv erlebten Zustand, welche die aktiven inneren Kämpfe, die Trauernde durchzumachen haben, zu wenig beachtet. Bemängelt wird zudem, dass im klassischen Trauermodell der Eindruck vermittelt wird, Trauer sei ein langanhaltender gleichmäßiger Zustand. Dabei wird übersehen, wie wichtig „dosiertes" Trauern und Pausen im Trauergeschehen sind. Schlussendlich wird auf die positiv entlastende Wirkung hingewiesen, die im Trauern das „Vermeiden" haben kann, das im klassischen Modell ebenfalls unbeachtet bleibt.[49]

Durch ihre Forschungen konnten die beiden Autor*innen aufzeigen, dass Menschen in einer erfolgreichen Trauerbewältigung zwei unterschiedliche Prozesse durchmachen.

(1) Zunächst geht es darum, den Verlust zu verarbeiten. Gedanken und Erinnerungen an den Verstorbenen, an die Umstände des Todes u. v. a. drängen sich auf. Hinterbliebene spüren den Schmerz des Verlustes und sehnen sich nach der Anwesenheit der verstorbenen Person. Viele verspüren auch das Bedürfnis, diesen Schmerz zum Ausdruck zu bringen. In dieser Prozessphase wendet sich das Individuum dem Verlust zu, weshalb sie auch Verlustorientierung genannt wird.

(2) Hinterbliebene sind aber gleichzeitig mit der Herausforderung konfrontiert, ein neues Leben ohne die verstorbene Person aufzubauen. Sie müssen vielleicht finanzielle Belange klären oder lernen, ein neues soziales Netzwerk aufzubauen. Sie müssen Dinge tun, die bisher der oder die Verstorbene gemacht haben. Und schließlich müssen sie neue Kontakte knüpfen, neue Rollen und Verhaltensmuster übernehmen und sich an eine Welt ohne die verstorbene Person anpassen. In diesem Prozess geht es darum, nach dem einschneidenden Erlebnis des Verlustes eine gewisse Normalität im Leben wiederherzustellen. Er stellt deshalb die Wiederherstellungsorientierung dar.

Wie und in welchem Ausmaß Menschen diese Orientierungen durchleben, ist individuell höchst unterschiedlich. Es gibt Menschen, die sich in der Trauer dem Verlust vermehrt bewusst zuwenden, sich damit auseinandersetzen und dies in ihrem Verhalten zum Ausdruck bringen. Es gibt aber auch Menschen, die den Erinnerungen und dem vergangenen Geschehen eher ausweichen, wobei dieses Ausweichen auch als vorübergehendes Phänomen im Sinne eines Ausruhens gesehen werden kann.

Die zentrale Idee dieses Modells besteht darin, dass Trauernde zwischen diesen beiden Orientierungen oszillieren. Denn Betroffene können nicht gleichzeitig den Verlust verarbeiten und das Leben neu gestalten. Vom ersten Moment des Trauergeschehens an gibt es deshalb Zeiten, in denen sie mehr dem Verlust anhängen, und Zeiten, in denen sie in die Zukunft blicken. Eines von beiden muss immer in den Hintergrund treten. Je nach Umständen und persönlichen Bedürfnissen bewegen sie sich dynamisch zwischen diesen beiden Orientierungen hin und her. Damit ist ein Hin- und Herschwingen zwischen einem Konfrontieren und einem Ausweichen verbunden. Jeder Trauerprozess beinhaltet ein gewisses Maß an Konfrontation mit dem Verlust. In einem gut verlaufenden Trauerprozess ist diese Auseinandersetzung jedoch immer auch unterbrochen durch den Wunsch nach Wiederherstellung und dem Bedürfnis, sich abzulenken und andere freudige Aspekte und Gefühle seines Lebens zuzulassen. Gerade Letzterem kommt eine besondere Funktion zu. Trauern kann sehr anstrengend sein. Deshalb ist es wichtig, dass sich Trauernde auch eine Auszeit von der Trauer nehmen, sich ablenken und angenehmen Dingen des Lebens zuwenden. Ein erfolgreiches Bewältigen der Trauersituation besteht demnach in „einer gelungenen Balance zwischen Trauerarbeit und aktiver Zuwendung zu neuen Aufgaben“[50].

Diese Balance herzustellen, ist ein zutiefst subjektiver Prozess. Es lässt sich dafür kein ideales Verhältnismaß zwischen beiden Dimensionen bestimmen. In jedem positiv verlaufenden Trauerprozess ist demnach sowohl die Konfrontation mit dem Verlust als auch die Wiederherstellung bzw. Neuorientierung in einem subjektiv ausreichenden Maß vorhanden, wenngleich es darüber hinaus natürlich zu individuellen Schwerpunkten in der einen oder anderen Dimension kommen kann.

Unter Geschlechterperspektive betrachtet, zeigt sich, dass es, zumindest in der Phase der akuten Trauer, in der Gruppe der Frauen eine größere Tendenz in Richtung Verlustorientierung gibt, während sich in der Gruppe der Männer eine Tendenz in Richtung Wiederherstellungsorientierung beobachten lässt.[51] Trotz dieser beobachtbaren Tendenzen ist zu betonen, dass auch die Geschlechtergruppen nicht eindimensional gesehen werden dürfen. Es zeigt sich auch innerhalb der Gruppen eine Vielfalt, sodass es sowohl Frauen gibt, bei denen eher die Wiederherstellungsorientierung, als auch Männer, bei denen die Verlustorientierung stärker präsent ist.

In Bezug auf Männlichkeit ist jedoch mit dem Modell des dualen Prozesses der Trauerbewältigung viel gewonnen. Es erweitert das eindimensionale Bild der Trauerarbeit, in welchem Trauer beinahe gleichgesetzt wird mit dem Empfinden und Ausdrücken von traurigen Gefühlen über einen längeren Zeitraum hinweg. In einem prozesshaften Trauerverständnis, das zwischen Konfrontation mit dem Verlust und dem Neugestalten von Zukunft pendelt und das eine Trauerauszeit zum Ausruhen und Erholen kennt, finden sich für traditionell männliches Trauerverhalten, in dem der emotionale Ausdruck eher eine eingeschränkte Rolle spielt, gute Anschlussmöglichkeiten. Als spontane Reaktion auf Verlust anerkennt es Trauer auch bei Männern in ihren unterschiedlichen Lebenslagen. Gleichzeitig öffnet es den Blick für die vielfältigen, nicht immer traditionellen Formen, mit denen sie von Männern zum Ausdruck gebracht wird.

Allerdings stellen sich für Männer oft spezifische Herausforderungen, die es auch in den Blick zu nehmen gilt. Für ein erfolgreiches Bewältigen sind beide Dimensionen der Trauerbewältigung notwendig. Für Frauen wurde eine starke Tendenz zur Konfrontation mit dem Verlust festgestellt. Trotz dieser Ausrichtung kann man aber davon ausgehen, dass sie aufgrund der täglichen Sorgearbeit in der Versorgung des Haushalts und der Familie vielfach gezwungen sind, sich in die Wiederherstellungsorientierung zu begeben. Männer, deren Lebensweise von vornherein die Wiederherstellungstendenz präferiert, stehen eher in Gefahr, dass die Verlustkonfrontation zu kurz kommt. Gerade diese Orientierung kann für die männliche Psyche eine gewaltige Herausforderung darstellen. Trauer als – zumindest in der Anfangsphase – passives Geschehen, das einem widerfährt, kann zutiefst verunsichern. Eine Erinnerung kann heftige Gefühle, auch ein inneres Chaos hervorrufen. Dies steht aber in Widerspruch zu einer Männerwelt, die von Normen und Werten hegemonialer Männlichkeit geprägt ist (Dominanz, Konkurrenz, Hierarchie). In ihr gilt es eher, ein Gefühlschaos zu vermeiden. Kontrolle der Gefühle und der inneren Vorgänge bilden einen männlichen Imperativ. In einer Gruppe von Partner-Gegnern können gezeigte Gefühle verletzlich machen. Das Verbergen der Gefühle verhindert dagegen, anderen eine Angriffsfläche zu bieten. Die Kontrolle der Gefühle hilft, in Konkurrenz mit anderen Männern handlungsfähig zu bleiben. Viele Männer haben im Wettbewerb gelernt, aktiv zu bleiben und sich handelnd durchzusetzen. Trauer abzuwehren und sich nicht in die emotionale Auseinandersetzung mit dem Verlust zu begeben, kann helfen, die männliche Identität zu bewahren.

Die Funktion der Trauer

Warum sollen wir uns überhaupt diesem Schmerz der Trauer aussetzen? Wäre es nicht viel klüger, sich davon zu befreien und ihn auszuschalten, wie dies durch Medikamente oder Ablenkung möglich wäre? Wozu brauchen wir den Trauerschmerz, der sehr belastend und mitunter schwer auszuhalten ist?

Zu diesen berechtigten Fragen lässt sich mit Erkenntnissen aus der psychologischen Forschung eine Antwort finden. Sie weisen dem psychischen Erleben der Trauer im Sinne des Traurigseins eine wesentliche Funktion zu – der Psychologe Hansjörg Znoj nennt es das „Leitgefühl“[52] in einem Trauerprozess. Die Traurigkeit gibt diesem Prozess seine innere Ausrichtung. Sie „wendet unsere Aufmerksamkeit nach innen“[53], sie „fördert […] die Konzentration und begünstigt gründlicheres und reflektierteres Denken“[54]. In aufwändigen psychologischen Experimenten konnte gezeigt werden, dass Menschen, die vorübergehend in Traurigkeit versetzt werden, sich Details besser merken. So neigen Menschen, nachdem sie ein eher düsteres Stück von Gustav Mahler gehört haben, zu weit weniger Erinnerungsverfälschungen. Menschen, die in den Zustand der Traurigkeit versetzt werden, sind genauer in der Beurteilung ihrer Leistung und Fähigkeiten. Sie sind auch weit aufmerksamer und weniger voreingenommen anderen gegenüber. Die Trauer im Sinne des Traurigseins ist ein wichtiges Hilfsmittel, um mit dem Verlust fertig zu werden. Sie „hilft Hinterbliebenen“ innezuhalten, „sich über ihren Verlust klar zu werden, Bilanz zu ziehen und zu akzeptieren, was nicht mehr rückgängig zu machen ist. Sie hilft Menschen, sich auf ein neues Leben ohne die Verstorbenen einzustellen“[55]. Trauer unterstützt die Selbstreflexion. Sie hat darüber hinaus auch eine weitere Funktion. Sie bewirkt einen traurigen Gesichtsausdruck. Damit wird den Mitmenschen signalisiert, dass Hilfe gebraucht wird. Sie weckt bei anderen Menschen Mitgefühl und vielleicht auch Hilfsbereitschaft. Trauer ist dadurch ein Mittel, um Hilfe zu aktivieren.[56] Sie verweist Betroffene an Mitmenschen, um in Verbundenheit mit ihnen den Verlust zu bedenken, zu durchleben und ins eigene Leben einzuordnen. Trauer ist deshalb immer ein inneres Geschehen der Person, das sowohl von seinem Ursprung als auch von seinem Verlauf auf ein Gegenüber verweist. Trauer ist ein soziales Geschehen.

Intuitive und instrumentelle Trauer

Die Frage, wie Männer trauern, wird sehr oft aus der Sorge heraus gestellt, dass sie weniger bzw. weniger effektiv trauern. Sie bewegte auch Herrn Moser, wenn er beklagte, dass er nie weint. Mit den Erkenntnissen der Trauerforschung lässt sich dieser Sorge differenziert begegnen. Terry L. Martin und Kenneth J. Doka[57], zwei US-amerikanische Trauerforscher, unterscheiden zwischen zwei Mustern von Trauer: der intuitiven Trauer und der instrumentellen Trauer. Intuitiv Trauernde erfahren die Trauer über den Verlust als tiefe schmerzvolle Gefühle. Stärke und Trost erfahren sie aus dem Sprechen über die Gefühle mit anderen. Dieses Muster wird wieder eher mit den Lebens- und Ausdrucksweisen von Frauen assoziiert, wenngleich es auch viele intuitiv trauernde Männer gibt. Instrumentell Trauernde fühlen sich wohler, wenn sie ihren Verlust intellektuell bearbeiten können. Sie befassen sich mit der Trauer eher kognitiv und mit geringen Affektniveaus. Sie zögern, über ihre Gefühle zu sprechen. Das ist nicht gleichzusetzen damit, dass instrumentell Trauernde keine Gefühle verspüren. Auch für sie ist der Affekt der Trauer schmerzlich erlebbar. Während für intuitiv Trauernde Gefühle kräftig pulsierend oder in einem Bild ausgedrückt als „intensive Farben“ erlebt werden, nehmen Gefühle für instrumentell

Trauernde eher „Pastelltöne" an. Instrumentelle Trauer wird mit den Zuschreibungen männlicher Lebenswelten verbunden, wenngleich auch hier wieder gilt, dass sie ebenso bei Frauen vorkommt. Für die meisten Menschen, Frauen wie Männer, sind die Muster in einem sehr subjektiven Mischungsverhältnis präsent.

Vor dem Hintergrund des dualen Prozesses der Trauerbewältigung und den Überlegungen zu intuitiver und instrumenteller Trauer erschließt sich nun auch Herrn Mosers Erleben ein Stück weit besser. Herr Moser tendierte eher zur instrumentellen Trauer. Er erlebte selten heftige Gefühlsausbrüche, es war vielmehr diese innere Leere, die ihn quälte. Sie war verbunden mit Rückzug und Stille. Gefühle äußerten sich zart bei Herrn Moser in fallweisem Berührtsein durch Erinnerungen oder alltägliche Szenen bei Filmen. Als in der Therapie beide Erlebensformen – die Leere und die Gefühle bei Erinnerungen und bei Filmszenen – zur Sprache gebracht wurden, waren seine Erzählungen immer öfter von heftigen Gefühlen begleitet, die Herr Moser durchlebte und auch ausdrückte. Allerdings hatte er das häufig bei Männern zu beobachtende Bestreben, immer wieder die Kontrolle zu gewinnen und seine Gefühle zu steuern. Auch in dieser Beziehung brauchte Herr Moser Zeit, bis er Vertrauen fassen und Gefühle freier zulassen konnte.

Herrn Mosers Trauerweg

Die Verlustorientierung war bei Herrn Moser vermehrt in seiner ersten Beratungsphase, gleich nach der Diagnosestellung für seine Frau, erlebbar. Neben der Frage, wie er seiner Frau ein stützender und sorgender Partner sein konnte, beschäftigte ihn intensiv, warum sie unheilbar erkrankt ist und wie er ohne seine Frau weiterleben kann. Erst nach einiger Zeit wandte er sich der Frage zu, wie er die verbleibende Zeit mit ihr genießen kann.

Nach dem Tod erfolgte erneut eine Auseinandersetzung mit dem Verlust. In der Therapie, als er seine Gefühle zuließ und sich mit ihnen auseinandersetzte, konnte er immer besser sein Verlusterleben zur Sprache bringen und sein Leben neu ordnen. In der zweiten Beratungsphase stand die Wiederherstellung im Vordergrund. Sehr oft begleitete ihn dort das Gefühl der Einsamkeit. Wehmütig dachte er dann an die Zweisamkeit mit seiner Frau und sah sich gezwungen zu lernen, allein zurecht zu kommen. Als erste Möglichkeit eröffnete sich für ihn der Umgang mit Alkohol. Herr Moser versicherte, dass er kein Alkoholiker sei. Er hatte jedoch die Erfahrung gemacht, dass Alkohol gegen die Einsamkeit helfen könnte. In seiner Phantasie tauchten dann die warnenden Hinweise seiner Frau auf, er solle beim Alkohol aufpassen. Das wiederum brachte ihn zu der Erkenntnis, dass die Grundsorge für sein leibliches und seelisches Wohl bei seiner Frau lag. Er erkannte, dass er lernen musste, die Sorge für sein leibliches Wohlergehen selbst zu übernehmen. Er wollte auf keinen Fall „absandeln", wie er das nannte. In seinen Beziehungen eröffnete sich ihm ein weiteres Lernfeld. Herr Moser bemerkte, dass sich in seinem Leben bisher in erster Linie seine Frau um Beziehungen gekümmert hatte. Nach und nach reaktivierte er deshalb alte Kontakte und suchte bewusst Orte auf, wo er neue Begegnungen machen konnte.

ZU KURZ, ZU AGGRESSIV, ZU VERBUNDEN?

Die Rolle der Partnerin

Die Gattin von Herrn Papp wurde bei einem Verkehrsunfall so schwer verletzt, dass sie zwei Wochen später verstarb. Herr Papp blieb mit zwei Teenagern (13 und 15 Jahre) zurück. Er sah es als seine Pflicht an, seine Kinder zu versorgen und sie aktiv in ihrer Trauer zu unterstützen. Immer wieder versuchte er, im gemeinsamen Zusammensein bewusst die verstorbene Gattin und Mutter zu thematisieren und so einen Raum für Erinnerungen und Gefühle zu schaffen. Die Trauerfeier bereiteten sie aktiv mit dem Priester vor. Gemeinsam mit seinen Kindern gestaltete er auch ein kleines Buch, in welchem sie das Leben seiner Frau mit Fotos, Bildern und Texten nachzeichneten. Dieses Buch lag bei der Trauerfeier auf und sollte in der Zeit nach der Feier vervollständigt werden. Nach der Trauerfeier erfüllte Herrn Papp eine traurige Grundstimmung, wie er es nannte. Sie trat tagsüber, wenn er arbeitete, Haushalt und Kinder versorgte, in den Hintergrund, war aber dennoch immer präsent. Erst am Abend, wenn er allein für sich war, verspürte er eine tiefe Einsamkeit und eine starke Sehnsucht nach seiner Frau. Sie fehlte ihm als Partnerin, mit der er alles besprechen konnte. Oft blätterte er dann in dem von ihm gestalteten Buch. Es gab auch immer wieder Gelegenheiten, in denen er sich gemeinsam mit seinen Kindern über die Trauer austauschen konnte. Rund vier Monate nach dem Begräbnis bahnte sich zu einer Kollegin, die auch schon einige Zeit Witwe war, eine Beziehung an. Zunächst bestand sie in einem verständnisvollen Austausch, der sie einander näherbrachte. Bald verliebten sie sich und zwei weitere Monate später waren sie ein Paar. Obwohl seine Kinder all diese Schritte gut mitgehen konnten, stießen sie in ihren erweiterten Familien und im Bekannten- und Freundeskreis auf Unverständnis, mitunter sogar auf Ablehnung. Es schmerzte Herrn Papp sehr, wenn man ihn in versteckten Andeutungen bis hin zu offenen Statements als „typischen Mann" adressierte, der seine verstorbene Partnerin schnell vergessen, Trauer vermieden und sich in eine neue Beziehung geflüchtet hätte. Herr Papp war ob dieser Vorwürfe zutiefst erschüttert. „Sind Männer wirklich so?", fragte Herr Papp am Anfang der therapeutischen Arbeit mit einer kräftigen Portion Ironie. Bald schon wurde die Arbeit von Fragen geleitet wie: Wann ist genug getrauert bzw. gibt es überhaupt ein Ende der Trauer? Was passiert mit der Beziehung zur verstorbenen Person? Und schließlich: Wann ist man frei für eine neue Beziehung?

Mit seiner ironischen Frage hat Herr Papp ein gängiges Klischee angesprochen. Es besagt, dass Männer den Trennungsschmerz vermeiden und sich rasch in eine neue Beziehung flüchten. Die Schweizer Psychologin Pasqualina Perrig-Chiello[58] forschte tiefgehend zu Scheidung und Trennung nach langjährigen Beziehungen. Aus ihrer Arbeit geht hervor, dass geschiedene oder verwitwete Männer schneller eine neue Beziehung eingehen als Frauen. Im Falle der Scheidung verlassen sie eine Beziehung meist erst dann, wenn sie schon eine neue haben. Werden Männer verlassen oder Witwer, haben sie oft große Mühe mit dem Alleinleben. Sie leiden mehr an Einsamkeit, haben geringere soziale Netzwerke und können schlechter Hilfe holen. Männer suchen deshalb schneller als Frauen eine neue Beziehung, die für sie zu einem „Rettungsanker"[59] wird.

Mit diesen männlichen Verhaltensmustern geht auch ein dementsprechendes Bewältigungsverhalten nach einer Trennung einher. So versuchen Männer öfter als Frauen, mit den Belastungen einer Trennung alleine fertig zu werden. Während sich

Frauen Unterstützung bei Familie und Freund*innen, bei professionellen Berater*innen und kirchlichen Seelsorger*innen holen, versuchen Männer eher, alles mit sich selbst auszumachen. Sie entsprechen damit einmal mehr dem „Bild des Mannes als ‚einsamen Reiter', der mit seinem Leben allein zu Rande kommen will"[60]. Dieses Bild wird noch einmal deutlicher im Kontrast zur Frau, die sich „als Netzwerkerin, die keine Mühe damit hat, ihr Leid zu zeigen und Hilfe zu holen"[61], erweist.

In diesen Verhaltensweisen lassen sich unschwer die Forderungen einer hegemonialen Männlichkeit erkennen. Dieses Männlichkeitsbild forciert den durchsetzungsfähigen, unabhängigen Mann, der sich im permanenten Wettbewerb zu anderen Männern behauptet. Persönliches Erleben kann in einer Wettbewerbssituation verletzbar machen. Deshalb lernen Männer im Zuge ihrer männlichen Sozialisation sehr früh, die eigenen Gefühle hintanzustellen, um handlungsfähig zu bleiben. Als Folge davon kann gesehen werden, dass viele Männer Mühe haben, über ihr inneres persönliches Erleben zu sprechen und sich über ihre Gefühle, ihre Verletzungen und Kränkungen, über die empfundene Leere und Sinnlosigkeit mit anderen auszutauschen. Wenn Männer sprechen, dann am ehesten mit ihren Partnerinnen. Im Falle einer Trennung durch Scheidung oder Tod fallen aber gerade diese Gesprächspartnerinnen weg.

Die herausragende Stellung der Partnerin in heterosexuellen Beziehungen belegen auch andere Forschungsergebnisse. So zeigte eine österreichische Männerstudie[62], dass zwar etwa gleich viele Männer (48 Prozent) und Frauen (51 Prozent) bei Problemen mit der jeweiligen Partnerin bzw. dem Partner sprechen. Geschlechtsspezifische Besonderheiten ergeben sich jedoch dann, wenn man die Bereitschaft betrachtet, mit der Frauen und Männer über persönliche Probleme mit Menschen außerhalb der Partnerschaft kommunizieren. In derselben Studie geben mehr Frauen (28 Prozent) als Männer (22 Prozent) an, sich mit einem Freund, und beinahe drei Mal so viele Frauen (36 Prozent) als Männer (13 Prozent), sich mit einer Freundin zu beraten. Schließlich nehmen beinahe doppelt so viele Frauen (7 Prozent) als Männer (4 Prozent) professionelle Beratung in Anspruch. Höchst aufschlussreich ist die Frage, was sich Männer und Frauen inhaltlich von solchen Gesprächen erwarten. Doppelt so viele Frauen (37 Prozent) als Männer (16 Prozent) geben an, dass sie bei anderen Menschen Trost suchen. Während also Frauen neben ihren Partnern noch zahlreiche andere Gesprächskontakte knüpfen, konzentrieren sich Männer verstärkt auf ihre Partnerin.

Frauen nehmen im Leben von Männern eine ganz entscheidende Position als vertraute Gesprächspartnerin ein. Das wird durch mehrere Faktoren beeinflusst: Wesentlich ist dafür wieder das traditionelle Bild von Männlichkeit mit der daraus folgenden Geschlechterhierarchie. Der männliche Wettbewerb bewirkt, dass Männer untereinander zu Partner-Gegnern werden. Diese ambivalente Beziehungskonstellation beeinträchtigt vertrauensvolle Gesprächsbeziehungen unter Männern. Frauen, die von den Männern als untergeordnet betrachtet werden, fallen als potenzielle Konkurrentinnen aus. Mit einer „ungefährlichen" Partnerin ist es für den Mann leichter, ein Vertrauensverhältnis aufzubauen. Dazu kommt, dass in vielen Beziehungen die Frauen das soziale Beziehungsnetz managen. „Mit ihrem Weggang fehlt nicht nur der emotionale Anker, sondern auch das gesamte soziale Netz."[63] Diese hohe Bedeutung von Frauen für das emotionale und soziale Leben von Männern lässt es als durchaus plausibel erscheinen, dass manche Männer schnell eine neue Partnerin suchen. Dazu trägt auch ein kultureller Umstand bei, weil Männern ein größeres Feld der Partnerinnenwahl zur Verfügung steht. Einerseits gibt es für sie keine Altersgrenze nach unten. Es wird gesellschaftlich toleriert, dass sie eine Beziehung mit jüngeren Frauen eingehen. Andererseits freunden sie sich auch mit Frauen an, die eine geringere Bildung als sie selbst haben. Frauen hingegen halten Ausschau nach Partnern, die gleich gut oder sogar noch besser gebildet und situiert sind als sie selbst.[64] Schlussendlich darf man nicht übersehen, dass es eine historisch lange kulturelle Tradition gibt, die es Männern schneller erlaubt, wieder eine Partnerin zu haben. Dies wurde am Beispiel des Bürgertums von London in der zweiten Hälfte des 19. Jahrhunderts deutlich, ähnliche Erwartungen an das Trauern von Frauen und Männern lassen sich aber auch in vielen inner- und außereuropäischen Gesellschaften nachweisen.

Aggression statt Depression

Die bei Männern beobachtbare Zurückhaltung, sich mit anderen über ihr Inneres auszutauschen, ihre Mühe, Schwäche zu zeigen und um Hilfe zu bitten, hat für manche von ihnen fatale Konsequenzen. Zunächst zu erwähnen wäre das Faktum, dass sich generell Männer drei Mal so oft suizidieren wie Frauen. Trennung, Scheidung und Verwitwung erhöhen das Risiko von Suizid unter Männern erheblich. Während bei Getrennten und Geschiedenen insgesamt die Suizidraten mehr als doppelt so hoch sind wie bei Verheirateten, steigt sie bei getrennten oder geschiedenen Männern auf das Zehnfache an.

Für Pasqualina Perrig-Chiello kommt dem männlichen Streben, Kontrolle über alles zu haben, eine bedeutsame Rolle zu. Trennung, Scheidung oder der Verlust der Partnerin sind Ereignisse, in denen die Kontrolle zu entgleiten droht. Sie bedeuten eine immense Bedrohung des männlichen Selbstwerts, die sie mitunter in tiefe Verzweiflung und Depression stürzen kann. Allerdings reagieren sie dann nicht immer mit den allgemein bekannten klassischen Symptomen einer Depression wie Antriebslosigkeit, Niedergeschlagenheit oder Müdigkeit, sondern viele Männer zeigen Impulsivität und Aggressivität. Die dahinterliegende Verzweiflung, die Trauer oder eine mögliche Depression werden dann sehr oft nicht gesehen.

Erst schwedische Forscher*innen haben auf diese spezifischen Aspekte depressiven Ausdrucks bei Männern hingewiesen. „Männliche Depressivität kann sich in einem aggressiven, antisozialen, ‚psychopathischen' klinischen Bild oder in einem Suchtverhalten manifestieren, das nicht als Depression erkannt wird", formuliert der Psychiater Wolfgang Rutz[65]. Er und seine Kolleg*innen kamen zu diesen Erkenntnissen im Laufe eines intensiven Ausbildungsprogramms für Allgemeinmediziner*innen auf der schwedischen Insel Gotland. Das Programm unterwies Ärzt*innen in der Diagnostik und Behandlung von Depressionen. Mit dieser Bildungsoffensive sollten die zahlreichen Suizide eingedämmt werden. Aufgrund wirtschaftlicher Umbrüche war es auf der Insel zu hohen Depressions- und Suizidraten gekommen. Man wollte den erkrankten Menschen den Zugang zur medizinischen Therapie erleichtern, da man berechtigter Weise annahm, dass der Weg zu Allgemeinmediziner*innen leichter fällt als zu Psychiater*innen. Mit der Kompetenz der Allgemeinmediziner*innen konnten die Suizidraten und die Zahl der Depressionserkrankungen in der Tat dramatisch gesenkt werden. Die nachgehende Analyse zeigte jedoch, dass sich diese positiven Veränderungen nur auf den weiblichen Teil der Bevölkerung bezogen. Die Anzahl männlicher Suizide blieb nach wie vor unberührt. Eine erste Untersuchung der männlichen Suizidanten ergab, dass diese Personen selten mit dem Gesundheitssystem in Berührung gekommen sind. Sehr oft kam es dagegen zu frustrierenden Kontakten mit der Polizei, den Steuerbehörden, dem sozialen Dienst und der Alkoholfürsorge. In der Folge wurde eine psychologische Autopsie durchgeführt. Eine psychologische Autopsie ist eine wissenschaftliche Forschungsstrategie in der Suizidforschung. Mit ihrer Hilfe wird nachträglich versucht, die Biographie bzw. Daten aus der Vergangenheit eines Menschen, der sein Leben beendet hat, zu erforschen, um Motive und Beweggründe rekonstruieren zu können. Auf Nachfragen sowohl bei den einzelnen Institutionen als auch bei den Hinterbliebenen wurde ein typisches „Verhaltensmuster von Hilflosigkeit, Aggressivität und Unvermögen, um Hilfe zu bitten und Schwäche zu signalisieren [, erkennbar]. Klinisch bestand das Symptombild einer plötzlichen Persönlichkeitsveränderung in fast ‚psychopathische' Richtung mit allgemeiner Unruhe, Rastlosigkeit, Aggressivität, Selbstbemitleidung, Unzufriedenheit, Irritation, Beschlussunfähigkeit, mangelhafter Impulskontrolle, generellem Pessimismus und in der Mehrzahl aller Fälle ein selbstbehandelndes Suchtverhalten."[66] Die betroffenen Männer selbst wie auch ihr persönliches Umfeld sahen in ihrem Verhalten nichts Auffälliges oder gar einen Hinweis auf Krankheit bzw. Depression. Eher empfand man es als Facetten männlicher Verhaltensweisen innerhalb der Bandbreite von Verhaltensmustern, die gesellschaftlich bei Männern toleriert werden. Erst die Forschungen von Wolfgang Rutz und seinem Team haben darauf hingewiesen, dass antisoziales, gereiztes Verhalten und Drogenmissbrauch auch im Zusammenhang mit einer Depression stehen können. Oder umgekehrt gesagt, Depression und Trauer kann sich bei Männern in erhöhter Feindseligkeit und Gereiztheit, in erhöhtem Alkohol- und Drogenmissbrauch und in erhöhter Agitation äußern. Dazu kommt, dass Depression bei

Männern offenbar mit einem erhöhten Suizidrisiko einhergeht.[67] Dieses Risiko ist erheblich erhöht, wenn die Partnerin verstirbt oder es zu einer anderen Form der Trennung kommt. Männer drohen in solchen Situationen in die Isolation zu geraten, in der Suizid als einziger Ausweg erscheint.

Zu einem männlichen Suizid können neben Trennung oder dem Verlust eines nahen Menschen natürlich auch andere herausfordernde Lebensereignisse beitragen. So können beispielsweise Arbeitslosigkeit, Desintegration, Perspektivenlosigkeit, chronische Erkrankungen oder Schmerzen Männer in lebensbedrohliche Krisen stürzen. Dabei gilt es zu bedenken, dass es nicht die spezifischen körperlich-gesundheitlichen, sozialen und ökonomischen Herausforderungen allein sind, die zu einem Suizid führen. Die subjektiven Belastungen, die mit diesen Ereignissen verbunden sind, werden wesentlich davon bestimmt, wie eine Person damit umgeht. Das Suizidrisiko erhöht sich vielmehr durch ein negatives Bewältigungsverhalten, also die problematische Art, mit diesen Herausforderungen umzugehen. Dieses negative Bewältigungsverhalten wird in der Fachsprache „maladaptives Coping" genannt. Dazu gehören Problemvermeidung und die Unterdrückung negativer Gedanken.

Ein positives Coping wendet sich dagegen den Problemen und den negativen Gedanken zu. Voraussetzung dafür ist eine funktionierende kognitive Reflexionsfähigkeit als „Fähigkeit, die das Ordnen und Bewerten von Informationen, Gedanken und Handlungsalternativen ermöglicht"[68]. Damit ist das Vermögen eines Menschen angesprochen, sich mit den Widerfahrnissen des Lebens – sowohl den positiven als auch den negativen Erfahrungen – aktiv auseinander zu setzen, sie psychisch und gedanklich zu verarbeiten und in sein Leben einzuordnen. Ein solch positives Coping nimmt achtsam die eigenen Gefühle als

Hinweis auf das aktuelle Erleben wahr. Es setzt sich aktiv mit den Problemen auseinander und versucht, die Bedeutung der negativen Gedanken zu ergründen. Auf der Basis solcher Wahrnehmungs- und Reflexionsprozesse ist es erst möglich, Handlungsmuster und Verhaltensweisen zu entwickeln, die den Betroffenen die Herausforderungen des Alltags bewältigen lassen. Von entscheidender Bedeutung für ein derartiges Reflexionsvermögen ist jedoch die Verbindung zu anderen Menschen. Als soziales Wesen entwickelt und vertieft der Mensch all seine Fähigkeiten in Beziehung zu anderen.

Wie sehr die Entwicklung dieser kognitiven Reflexionsfähigkeit und das damit zusammenhängende Problembewältigen vom sozialen Geschlecht im Allgemeinen und von Männlichkeit im Konkreten geprägt ist, zeigen psychologische Autopsie-Studien aus den USA. In ihnen wurden männliche Suizidenten von ihrem Umfeld als starre, gewissenhafte, disziplinierte, konservativ an Gewohnheiten orientierte, unsensible und emotional unbewegliche Persönlichkeiten[69] beschrieben. In diesem starren Selbstempfinden sind Elemente einer hegemonialen Männlichkeit erkennbar, die insbesondere männliche Autonomie und Kontrolle betreffen. Sie stehen besonders stark im Vordergrund. Die einseitige Orientierung an diesen Normen dominanter Männlichkeit engt die Erlebnis- und Handlungsfähigkeit enorm ein. Mit diesen Mustern ist die Bitte um Hilfe, mit anderen in Beziehung zu treten und sich auszutauschen, nicht kompatibel, sondern wird als Schwäche und Verlust von Männlichkeit angesehen. Im Bemühen um Autonomie und Kontrolle ist die männliche Person auf sich selbst zurückgeworfen und bleibt gefangen in Hilflosigkeit, Ohnmacht und innerem Stress.

Einen Ausweg kann das männliche Muster der Externalisierung bieten. Die Psychiater*innen Anna Maria Möller-Leimkühler und Siegfried Kasper schreiben: „Männer reagieren auf Stress mit dem typischen ‚fight or flight' Muster, indem sie externalisierende Strategien einsetzen mit einem hohen Risiko der Selbst- und Fremdschädigung, deren Extreme Suizid und Homizid darstellen."[70] Dieses Externalisieren bedeutet nun gerade nicht, sich auszusprechen und Hilfe zu suchen. Vielmehr greifen manche Männer unter Stress auf die ihnen unter den Bedingungen der hegemonialen Männlichkeit gewährten Formen der Gefühlsäußerung zurück. Sie drücken ihre innere Not in Aggressionen und Gewalt aus. Suizid und Homizid erscheinen als extreme Formen männlicher Leidensäußerung. Externalisierung kann aber auch in anderen, weniger extremen Formen stattfinden. Auch sie stehen im Zusammenhang mit einer klassischen Männerrolle. Während manche Männer sich vermehrt in Arbeit stürzen, betreiben andere exzessiv Sport oder ziehen sich in den eigenen Hobbykeller zurück. Aber auch Drogen, Alkohol, Sex, Nachtleben, Glücksspiel etc. bieten Möglichkeiten, zu externalisieren.

Allerdings tut hier eine differenzierte Betrachtung not. Arbeit – auch im Hobbykeller –, Sport und ähnliche Tätigkeiten eröffnen zunächst einmal Räume für das Bedürfnis, handelnd aktiv zu sein. Dieses Bedürfnis ist unter Männern ausgeprägt vorhanden. Schon die Gruppen von Jungen und männlichen Jugendlichen definieren sich über gemeinsame Aktivitäten.[71] In diesem Aktivsein kann zunächst die von Lothar Böhnisch beschriebene Externalisierung, also die männliche Tendenz, das Innere im Äußeren zu bearbeiten, gesehen werden. Es darf jedoch nicht in jedem Fall negativ bewertet werden. Tatsächlich berichten viele Sport treibende oder anders tätige Menschen, dass ihnen diese Aktivität (Laufen, Wandern etc.) ermöglicht, abzuschalten oder frei zu werden für neue Gedanken- und Reflexionsprozesse. Darüber hinaus kann Aktivität eine gewisse Auszeit vom Trauern geben und eine Hilfe darstellen, auf Distanz zu gehen, um sich danach erneut dem Verlust zuwenden zu können. Schließlich kann Handeln – zumindest kurzfristig – das Gefühl geben, von der Trauer nicht übermannt zu werden und das Leben einigermaßen im Griff zu haben. Aktives Handeln kann so für Männer eine positive Ressource darstellen. Es kann einen Rahmen bilden, damit Reflexions- und Trauerprozesse eingeleitet werden. Handelnd aktiv zu sein, stellt dann eine Form der Trauer dar, die manchen Männern aufgrund ihres Werdeganges mehr entspricht als ein passives Aushalten der Trauer.

Anders verhält es sich mit Drogen und Alkohol. Hier besteht die Gefahr, dass Trauer als Impuls, sich dem Innen zuzuwenden, übersehen wird. Die Nutzung von Suchtmitteln trägt dazu bei, sich gegen den inneren Schmerz zu immunisieren und den darin enthaltenen Aufruf, sein Leben nach dem Verlust neu zu ordnen, zu überhören. Deutlich wird die Abwehr von und die Flucht vor der Trauer erkennbar. Drogen stellen deshalb eine problematische Form der Bewältigung dar. Diesen Fluchtcharakter können auch Aktivitäten aufweisen, wenn sie auf übertriebene Art und Weise erfolgen, beispielsweise wenn bis zur Erschöpfung gearbeitet oder exzessiver Sport betrieben wird. Weiters können ausschweifende sexuelle Abenteuer oder eine überstürzte neue Beziehung eine Auseinandersetzung mit Trauer und die Verarbeitung des Verlustes verhindern. Sie stellen klassische Verleugnungs- und Abwehrstrategien dar, zu denen in traditionellen Männlichkeitsentwürfen eine gewisse Neigung besteht.[72]

Auch hier gilt wieder, dass sich jegliche Form der Pauschalierung verbietet. Jeder Mann ist als Einzelfall zu sehen, der die komplexen Elemente eines Trauerprozesses in der für ihn subjektiv passenden Form durchlebt.

Verbunden bleiben statt loslassen

Der US-amerikanische Psychologe William Worden[73] beschreibt die Komplexität des Trauergeschehens, indem er vier Kernherausforderungen benennt, denen es sich zu stellen gilt. Worden nennt sie Aufgaben und möchte damit die Aktivität im Trauern betonen und damit anzeigen, dass Trauernde selbst etwas tun können, um ihre Situation zu bewältigen.

Die erste Aufgabe besteht darin, „den Verlust als Realität [zu] akzeptieren“[74] – intellektuell und emotional. Dies braucht wesentlich Zeit. „Den Schmerz verarbeiten“[75] stellt die zweite Herausforderung dar. Dieser Schmerz hat, wie schon beschrieben, körperliche, emotionale und verhaltensspezifische Komponenten, die zugelassen und durchgearbeitet werden müssen. Die Trauer im Sinne der Traurigkeit ist in diesem Prozess das Leitgefühl. Sie ist das Signal, nach Innen zu gehen, sich mit dem Verlustgeschehen in all seinen Facetten auseinanderzusetzen und es in sein Leben einzuordnen. Diese Aufgabe kann durchaus im Sinne des traditionellen Modells der Trauerarbeit verstanden werden. Auf der Grundlage des dualen Prozessmodells der Verlustbewältigung sei nochmals betont, dass dieser Prozess nicht beständig stattfinden muss, sondern sich Trauernde durchaus auch eine Auszeit wie z. B. durch ablenkende Aktivitäten nehmen können. Die dritte Aufgabe lautet, „sich an eine Welt ohne die verstorbene Person anpassen“[76]. Diese Herausforderung realisiert die Wiederherstellungsorientierung, wie sie im dualen Prozessmodell der Trauerbewältigung angeklungen ist. Worden spricht dabei drei Ebenen der Anpassung an. In der externen Anpassung geht es um die Auswirkungen des Verlustes in der Bewältigung des Alltags, die interne Anpassung beschreibt die Auswirkungen auf das eigene Selbstgefühl und die spirituelle Anpassung behandelt die Auswirkungen auf die eigenen Überzeugungen, Wertvorstellungen und Annahmen über die Welt. Schließlich geht es in der vierten Aufgabe darum, „eine dauerhafte Verbindung zu der verstorbenen Person inmitten des Aufbruchs in ein neues Leben [zu] finden“[77]. Worden greift hier neuere Forschungserkenntnisse auf. Seit den Ausführungen Sigmund Freuds galt als Ziel eines Trauerprozesses das „Sich-Loslösen“ von dem Verlust. Viele trauernde Menschen hören deshalb immer noch die Aufforderung: „Du musst (endlich) loslassen.“

Dennis Klass[78], ein US-amerikanischer Religionspsychologe und klinischer Psychologe, und seine Kolleg*innen entdeckten in Forschungsinterviews mit trauernden Kindern, dass diese ihre Verbindung mit den Eltern über die Zeit des Todes hinaus aktiv aufrechterhielten. Sie sprachen mit ihnen, träumten von ihnen, hatten das Gefühl, dass sie sie beobachteten, bewahrten Gegenstände als Erinnerung auf oder besuchten regelmäßig das Grab. Anstatt ihre Eltern „loszulassen“, waren sie bemüht, die Beziehung fortzusetzen. Dieselben Beobachtungen wurden bei Eltern, die um ihre Kinder trauerten, gemacht. Auch sie hielten auf ähnliche Weise die Beziehung zu ihren Kindern aufrecht. Diese Erkenntnisse erweiterten die Sichtweise auf Trauerprozesse. Trauer kann zu einer über die Erfahrung des Verlustes hinausgehenden, neuen Verbindung mit der verstorbenen Person führen. Damit wird deutlich, dass es in der Trauer nicht darum geht, sich von der verstorbenen Person abzuwenden, sie loszulassen, sondern in eine neue Beziehung zu ihr einzutreten. Dennis Klass und seine Kolleg*innen beschreiben dies als „continuing bonds“[79], also dauerhafte Verbindungen. Der Vorschlag von Klass wurde zunächst sehr heftig diskutiert und weiter beforscht. Es zeigte sich, dass es hier nicht um ein eindeutiges Entweder-Oder geht. Einerseits ist es für einen erfolgreichen Trauerprozess notwendig, anzuerkennen, dass mit dem Tod die Person nicht mehr da und eine Form der Bindung zu ihr vorbei ist. Andererseits gilt auch: „Der Tod beendet ein Leben, doch nicht zwangsläufig eine Beziehung.“[80] Viele halten deshalb zu ihren Verstorbenen eine neue spirituell-geistige Beziehung aufrecht. Andere wieder ziehen sich zurück und pflegen keine Verbindung. Beides ist als normal anzusehen und kann sowohl heilsam, unterstützend als auch problematisch sein. Hilfreich ist es jedoch in jedem Fall, die Beziehung zu reflektieren, und dort, wo es notwendig erscheint, Dinge für sich zu klären. Ungeklärtes aus der Beziehung sollte einem weiteren Leben nicht im Weg stehen.

Nach all den Überlegungen kehren wir zurück zu Herrn Papp. Seine Angst war, als „typischer“ Mann gesehen zu werden, der seine verstorbene Partnerin schnell vergisst, den Trauerschmerz verleugnet und sich zu schnell in eine neue Beziehung flüchtet. Herr Papp konnte seinen inneren Frieden finden. Als Mann in dieser Gesellschaft musste auch er lernen, mit männlichen Lebenslagen und Mustern umzugehen. Als solcher hatte er sich intensiv mit dem Verlust auseinandergesetzt, ihn mit seinen Kindern und mit der neuen Partnerin tiefgehend reflektiert und sich einem neuen Leben zugewandt. Gemeinsam hatten sie auch eine neue Form der andauernden Bindung zur verstorbenen Partnerin bzw. zum verstorbenen Partner aufgebaut, sodass sie dem Vorschlag der Kinder zustimmen konnten, ein Erinnerungsbild ihrer Mutter und dann auch ein Bild des verstorbenen Mannes der Partnerin aufzustellen. Es stellte sich die Überzeugung ein, dass die Entscheidungen passend und sowohl von guten Gründen als auch von guten Gefühlen getragen waren.

SCHULDGEFÜHLE

Herr Kaser sprach mich nach einem Vortrag an und fragte, ob er einmal eine (Therapie-)Stunde haben könnte. Er könnte sich von seiner verstorbenen Frau nicht lösen. Als er in der Praxis vor mir saß, erzählte er stolz, dass er seit dem Tod seiner Frau jeden Tag ihr Grab besucht. Im Laufe des Gesprächs stellte sich aber heraus, dass dies für Herrn Kaser eine ziemliche Herausforderung bedeutete. Er war 80 Jahre alt. Von seiner Wohnung bis zum Grab brauchte er rund 40 Minuten, davon musste er die Hälfte der Zeit zu Fuß zurücklegen. Seine Gattin war bereits seit vier Jahren tot. Anfangs konnte er den Weg noch leicht meistern. Jedoch litt er seit zwei Jahren zunehmend an Schmerzen und Beschwerden in den Knien. Dennoch war er fest entschlossen, an seinem Programm festzuhalten. Auf meine Nachfrage hin betonte er, dass er stolz ist, die Besuche auch bei Regen und Schneefall durchgehalten zu haben. Dieses Durchhalten trotz widrigster Umstände stimmte mich skeptisch. Ich hatte den Eindruck, dass dabei etwas Zwanghaftes mitschwingt, und schlug weitere Gespräche vor.

In den ersten Treffen stand die Erinnerung an seine Gattin im Vordergrund. Herr Kaser erzählte, welch toller Mensch sie war, welche Bedeutung sie für ihn hatte und was sich seit ihrem Tod in seinem Leben veränderte. Nach einigen Wochen, in denen die Trauer um die verstorbene Partnerin sehr präsent war, kamen auch Erinnerungen aus ihrem gemeinsamen Leben zur Sprache. Obwohl sie sich immer Kinder wünschten, blieb ihre Ehe kinderlos. So wurden sie zu Ersatzonkel und Ersatztante für die Nachbarskinder. Mit ihnen unternahmen sie sehr viel, selbst Urlaubsreisen. Auf einer solchen Reise lernte man Frau

Lang kennen, die noch dazu nicht weit von ihrem heimatlichen Wohnort entfernt wohnte. Nach der Rückkehr wurde aus dieser Urlaubsbekanntschaft aber eine heftige Affäre, die jedoch drei Monate später von beiden einvernehmlich beendet wurde, weil beide in dieser Beziehung keine Zukunft sahen. Herr Kaser hatte nie vorgehabt, sich von seiner Frau scheiden zu lassen. Dennoch plagten ihn seit dieser Zeit starke Schuldgefühle. Er fühlte sich schuldig, „gestrauchelt" zu sein und dies seiner Gattin, die ja „herzensgut" war, angetan zu haben. Immer wieder überlegte er, es ihr zu sagen. Letztendlich konnte er sich aber nie dazu überwinden, es ihr mitzuteilen. Und mit zunehmend zeitlichem Abstand sah er sich immer weniger in der Lage, seinen „Fehltritt" anzusprechen. Auch das machte er sich zum Vorwurf.

Im Bemühen, die Schulddynamik von Herrn Kaser, die nun im Raum stand, besser zu verstehen, kam die gesamte Beziehungsgeschichte in den Blick. Herr und Frau Kaser lernten sich während ihrer Studienzeit kennen. Er studierte Wirtschaft, während sie eine Ausbildung zur Sozialarbeiterin machte. Herr Kaser hatte vor seiner Frau zwar einige Freundinnen, aber – wie er es betonte – im „wahrsten" Sinn des Wortes als „Frauenversteher". „Wissen Sie, geredet haben sie mit mir, ins Bett sind sie mit anderen!", sagte er. Der dafür prägende Einfluss erschloss sich in der weiteren therapeutischen Arbeit aus seiner Herkunftsfamilie. In ihr hatte sein dominanter Vater, ein erfolgreicher Geschäftsmann, das absolute Sagen. Dazu konnte er auch zuschlagen, sowohl bei der Mutter als auch bei seinem (einzigen) Sohn. So wurden Mutter und Sohn zu Verbündeten. Herr Kaser wollte nie so werden wie sein Vater. Zeit seines Lebens hatte er folglich auch Probleme mit strengen Männern, die er eher mied. Weit besser verstand er sich mit Frauen, bei denen er aber so zurückhaltend blieb, dass seine Gattin seine erste richtige Beziehung wurde. Er erlebte es als Genugtuung, eine so schöne und kompetente Frau zu bekommen, um die er sehr beneidet wurde. Beide machten in ihren jeweiligen Berufen Karriere und bemühten sich in ihrer Beziehung um ein partnerschaftliches Miteinander. Dennoch hatte er in der Beziehung manchmal auch das Gefühl, vor dieser selbständigen, starken Frau nicht bestehen zu können. In der Zeit vor der Affäre war dieses Gefühl besonders stark. Es war dies eine Zeit, in der er auch beruflich sehr unter Druck stand. Sein Chef forderte von ihm, zu „liefern" und sich im „Business" durchzusetzen. In dieser Zeit fühlte er sich immer wieder an seinen Vater erinnert. Und genau in dieser Situation erlebte er die bedingungslose Liebe und Hingabe der um zehn Jahre jüngeren Frau Lang als unwiderstehlich.

Das Verhalten von Herrn Kaser erschloss sich nun in seinem lebensgeschichtlichen Zusammenhang. Seine Frau war tot, weshalb es ihm nicht mehr möglich war, sein Empfinden von Schuld in direkter Auseinandersetzung mit ihr zu klären. Er konnte kein Gespräch mehr mit ihr führen, in dem er seine Schuldeinsicht, seine Reue und die Bitte um Verzeihung äußern hätte können. Stattdessen lebte er sein Schuldgefühl und das damit verbundene Leid in Form seiner beinahe zwanghaften Friedhofsgänge aus, die ihm aber keine Erleichterung verschafften. Erst die Auseinandersetzung und Erkenntnis der Zusammenhänge durch die Gespräche in der Therapie verringerten seinen inneren Druck und ermöglichten ihm eine differenzierte Sichtweise. Beim Explorieren der Zusammenhänge wurde deutlich, dass sein Ehebruch im Kontext einer spezifischen männlichen Bedürfnislage erfolgte. Herr Kaser konnte nun erkennen, dass er in der damaligen Zeit intensive Herausforderungen zu bestehen hatte: Er stand im Wettbewerb mit seinen Kollegen am Arbeitsplatz und spürte zunehmend Konkurrenzgefühle gegenüber seiner Frau. Die bedingungslos erscheinende Liebe seiner Affäre stärkte sein männliches Ich und vermittelte ein Gefühl männlicher Dominanz. Eine Erklärung für die Grundstruktur dieses Erlebens ließ sich für ihn in seiner Kindheit entdecken. Die Erfahrungen als Kind zwischen einem autoritären, gewalttätigen Vater und einer schwachen, schutzbedürftigen Mutter zeigten Auswirkungen auf seinen Umgang mit Männern, denen gegenüber er weniger leicht vertrauensvolle Beziehungen aufbauen konnte als gegenüber Frauen, bei denen er schnell in einen Modus des Beschützens verfiel. Aggressives Durchsetzen blieb ihm zeitlebens zwar verhasst, dennoch konnte er sich den männlichen (Selbst-) Ansprüchen nicht ganz entziehen. Große Verunsicherung und Selbstzweifel wurden bei ihm durch die beruflichen Herausforderungen in einem männlichen Umfeld bewirkt, die sich verstärkten, als er seine Frau nicht als schutzbedürftig, sondern als erfolgreiche, gleichberechtigte Partnerin und damit auch als fordernd erlebte. In dieser Situation war die jüngere, keine Forderung stellende Frau, der noch dazu der Reiz des Fremden anhaftete, eher geeignet, seinem gestressten Selbst den passenden Selbstwert zu geben.

Wenn Schuld und Trauer wie im Falle von Herrn Kaser zusammentreffen, kann sich die Trauersituation als besonders herausfordernd gestalten. Der Pastoralpsychologe Norbert Mucksch schreibt dazu: „In solchen Situationen geht es dann nicht um die Versöhnung mit einem Verstorbenen, sondern vielmehr um eine Versöhnung mit sich selbst und den Teilen in der eigenen Biographie, die nicht mehr veränderbar sind, deren Akzeptanz und Integration in die eigene Lebensgeschichte und um die Erkenntnis, dass das eigene So-geworden-Sein auf einer anderen Ebene einen versöhnlichen Anteil haben kann.“[81]

Herr Kaser übernahm die Verantwortung für das Vergehen seiner Frau gegenüber. Während seiner Therapie erkannte er aber auch sein Verstricktsein in traditionelle Geschlechterbilder. Dies hatte nicht nur seine Beziehung zu Frauen beeinflusst. Im Laufe der Therapie wurde ihm bewusst, wie sehr er trotz aller Ablehnung dennoch die Anerkennung seines Vaters gewinnen wollte. Seinen großen Ehrgeiz, aber auch seine immer wiederkehrenden Angstzustände führte er darauf zurück. Sie erwiesen sich als existenzielle Ängste davor, im Leben etwas zu schaffen und seinen Mann stehen zu können. Dass er im Laufe der Therapie diese Ängste verlieren konnte, war gleichsam die Bestätigung dafür, dass dies gelungen ist. Parallel dazu verschwand auch der zwanghafte Charakter seiner Friedhofsbesuche. Ausgesöhnt mit seiner Schuld, entdeckte Herr Kaser andere Formen, um mit seiner Frau in Verbindung zu bleiben und dennoch sein Leben zu leben. Für die Zwiesprache mit seiner Gattin wandte er sich nun vermehrt an ein Bild von ihr. Auch legte er auf einem Tischchen Gegenstände, die an sie erinnerten, zusammen. Das Grab besuchte er nur mehr in größeren Zeitabständen, wenn er Lust dazu verspürte und es sein körperlicher Zustand erlaubte.

Grundstimmung des Menschen

Schuld stellt eine Erfahrung dar, die Menschenleben von Anbeginn prägte, und fängt für den Arzt und Psychoanalytiker Mathias Hirsch somit bei Adam und Eva an.[82] Mit diesen biblischen Gestalten will Hirsch aber keinen Bezug zu einer bestimmten Glaubensbotschaft wie dem Christentum herstellen. Er liest die biblische Geschichte als Mythos, der den Ursprung des Lebens behandelt. Schöpfungsmythen beschreiben auf metaphorische Weise die Entwicklung des menschlichen Lebens, indem Bedingungen und Eigenschaften benannt werden, die Menschen von anderen Lebewesen unterscheiden: „Wie die Sprache, auch das Lachen, das Reflexionsvermögen (über sich selbst), das Bewusstsein der Sterblichkeit und die Scham ist die Schuld [...] eine der Bedingungen des Mensch-Seins."[83] Für Mathias Hirsch besteht die Sünde der biblischen Menschen im Wissen-Wollen. Denn nachdem Adam und Eva von dem verbotenen Baum essen, gehen ihnen die Augen auf; sie werden wie Gott und erkennen Gut und Böse (Genesis 3,5). Damit verbunden ist die Vertreibung aus dem Paradies. Darin sieht Hirsch eine Metapher für den „Austritt des Menschen aus dem Reich der völlig instinktgesteuerten Tierwelt"[84]. Er hält fest: „Der Anfang aller Schuld liegt also im Austritt des Menschen aus der instinktgesteuerten Natur des Tieres, dargestellt im Bild vom Paradies; sein Wissen-Wollen, Tun-Wollen und Frei-entscheiden-Wollen wird mit der Umschreibung ‚Wie-Gott-sein-Wollen' ausgedrückt."[85] Im Wissen-, Tun- und Frei-entscheiden-Wollen lässt sich ein Prozess der zunehmenden Autonomie erkennen. Es geht um ein Sich-Loslösen aus vorgegebenen Umständen – symbolisch ausgedrückt als Verlassen des instinktgesteuerten Tierreiches – und ein Loslösen von vorgegebenen Abhängigkeiten und Bindungen – wieder symbolisch ausgedrückt als ein Sich-Lösen aus dem Gehorsam gegen Gott. Über all dem „schwebt", wie Hirsch es ausdrückt, die Schuld. Autonomie ist immer auch mit Trennung verbunden, weil es auf andere, von denen man sich trennt, Auswirkungen hat. Autonomes Handeln wirkt immer auch auf andere, auf deren Identität, deren Lebensumstände und deren Existenz. Norbert Mucksch folgert: „Das Thema ‚Schuld', die Unausweichlichkeit, schuldig zu werden, und in der Folge auch das Thema ‚Versöhnung' stellen also eine Grundstimmung des Menschen dar."[86]

Schuld als Grundstimmung des Lebens bekommt in einem männlichen Kontext eine besondere Relevanz, weil Autonomie und Unabhängigkeit als zentrale Werte von Männlichkeit angesehen werden. Das autonome Subjekt der Aufklärung stand von Anfang an in enger Verbindung mit Männlichkeit. Am Beginn des letzten Jahrhunderts prägte der deutsche Soziologe Georg Simmel bereits den Satz: „Für den Mann ist die Geschlechtlichkeit ein Tun, für die Frau ein Sein."[87] Dies bedeutet, dass Männlichkeit unter dem Imperativ des autonomen Handelns, des Aktivseins steht. Schon Gruppen von heranwachsenden Buben orientieren sich in ihren freundschaftlichen Zusammenkünften vorrangig an Aktivitäten. Was ich mit wem machen kann, ist ausschlaggebend und weniger die Frage, wer ich bin.[88] Dieses Aktivsein wurzelt in der männlichen Externalisierung. Dazu kommt, dass der männliche Imperativ „Setz dich durch!", der in Zusammenhang mit einer im traditionellen Männerbild prominent enthaltenen „libido dominandi" (Bourdieu) steht, ein Männerleben ungeheuer konfliktreich machen kann. Durchsetzen und dominieren zielt auf andere ab. Es heißt zwangsläufig auch, Schwächen des bzw. der anderen auszunutzen und den eigenen Vorteil ohne Rücksicht auf die Befindlichkeit anderer zu suchen. Der Druck, sich durchsetzen zu müssen, kann Männer leicht dazu verleiten, Grenzen zu überschreiten. Das können einerseits Grenzen sein, die durch Regeln und Gesetze vorgegeben werden, aber auch solche, die durch die Würde und die Existenz der anderen Person eingefordert werden. Schließlich muss immer mitbedacht werden, dass jeder Mann Angehöriger einer Gruppierung – eben der Männergruppe – ist, die gegenüber den Frauen gesellschaftlich privilegiert und hierarchisch übergeordnet ist und die in sich selbst nochmals hierarchisch geordnet ist. Mannsein ist dadurch immer auch mit einer Machtposition verbunden. Wie groß und weitreichend diese Machtposition für den einzelnen individuellen Mann tatsächlich ist, wie intensiv der Imperativ

„Setz dich durch!“ im Lebensganzen einer Persönlichkeit wirkt und wie sehr Aktivität nach außen vor Innerlichkeit im konkreten Einzelfall im Vordergrund steht, wird von den individuellen Lebensumständen und persönlichen Entwicklungen in der einzelnen männlichen Lebensgeschichte mitbedingt. Daraus lässt sich kein Schuldautomatismus für alle Männer ableiten. Es lässt sich aber sehr wohl erkennen, dass Schuld in männlichen Lebenszusammenhängen eine spezielle Bedeutung erlangen kann.

Eine besondere Aufmerksamkeit ist dem Umgang mit Schuld zu widmen. Reale Schuld ist als konkrete Tat anzusehen, mit der andere geschädigt werden. Reale Schuld muss also anerkannt werden. Dadurch wird die Schuld nicht ungeschehen gemacht, aber in der Anerkennung wird ein Trauerprozess ermöglicht, in dem neue Wege zu sich und den anderen gegangen werden können. Der Kern dieses Trauerprozesses ist die Schuldbearbeitung in Form einer tiefgehenden Reflexion. Denn, wieder mit Mathias Hirsch: „Schuld entsteht keineswegs nur aus der freien Entscheidung, das Falsche zu tun, sie entsteht auch aus Schwäche, Unfähigkeit oder aus unbewussten Motiven und Impulsen. So verliert der Begriff den moralischen Charakter – jeder Mensch macht sich immer mehr oder weniger schuldig an seinen Mitmenschen und sich selbst.“[89] Diesen Gedanken zufolge bedarf es einer beständigen Reflexion der Handlungen, Motivationen und Strebungen eines Menschen, in die auch der Kontext der jeweiligen Lebenswelten einbezogen werden muss.

TRAUER AM ARBEITSPLATZ

Der Verlust eines nahen Angehörigen tangiert alle Lebensbereiche, so auch den Arbeitsbereich, der insbesondere für Männer eine wichtige Säule der Identität darstellt. Dabei geht es nicht nur um die Frage, ob Arbeit von der Trauer ablenkt oder sie durch Trauer blockiert wird, sondern auch darum, wie mit trauernden Kolleg*innen und Mitarbeiter*innen umzugehen ist.

Erinnern wir uns an dieser Stelle noch einmal an Herrn Moser, der zweimal kam, um sich Hilfe zu holen. Ein erstes Mal, als seine Frau an Brustkrebs erkrankte, und ein zweites Mal nach ihrem Tod. Herr Moser war fast 60 Jahre alt und Erwerbsarbeit zählte zu den wichtigen Bereichen seines Lebens. Als leitender Manager eines Unternehmens fühlte er sich sowohl dem Unternehmen als auch seiner Tätigkeit sehr verpflichtet. Während seiner Trauerzeit lastete der Druck, seine Arbeit korrekt und mit vollem Engagement erfüllen zu müssen, ganz besonders auf ihm. Schon während der Erkrankung seiner Frau hatte er oft das Gefühl, den Anforderungen seiner Tätigkeit nicht mehr gerecht werden zu können. Er wertete es als Glück, in seiner unmittelbaren Umgebung verständnisvolle Kolleg*innen um sich zu haben, die von seiner persönlichen Notlage wussten und sich unterstützend verhielten. Es war ihm deshalb möglich, sich in Krisensituationen für ein paar Augenblicke zurückzuziehen, um danach wieder zu „funktionieren". Seine engsten Mitarbeiter*innen hielten ihm für diese Rückzüge den Rücken frei. Diese Erfahrungen der Leere, die ganz plötzlich über ihn hereinbrach, kennzeichneten auch die Zeit der Trauer nach dem Tod seiner Frau. Er schaltete dann auf „Autopilot", verrichtete seine Tätigkeiten automatisiert und versuchte, Haltung zu bewahren.

Herr Moser erhielt in dieser Situation sehr bald von verschiedenen Seiten den Vorschlag, doch in Krankenstand zu gehen. Dies wies er zunächst entrüstet von sich, weil er ja nicht krank sei. Schlussendlich musste er sich nach intensiveren Überlegungen aber eingestehen, dass sowohl seine Arbeitsmotivation als auch seine Leistungs- und Konzentrationsfähigkeit „gedämpft" waren. Seine Arbeit wollte er auf gar keinen Fall aufgeben, aber im Lauf der Gespräche erkannte er, dass eine Reduktion, die mehr Zeit für ihn selbst bedeutete, gut tun könnte. So entschloss er sich zu einem Gespräch mit seinem Vorgesetzten, in dem vereinbart wurde, dass Herr Moser für einen gewissen Zeitraum keine Überstunden mehr macht, seine Arbeitszeiten flexibler gestalten darf und manche Arbeiten zu Hause erledigen kann. Was Herr Moser in dieser Zeit besonders schätzte, war das verständnisvolle, aber unaufdringliche Gespräch einiger Kolleg*innen. Dadurch hatte er das Gefühl, den Kontakt nicht zu verlieren, erlebte sich nicht allein gelassen und spürte gleichzeitig den Freiraum, sich im Notfall zurückziehen zu können. Auch mit seinem Vorgesetzten verband ihn eine wohlwollend nahe, aber doch auch diskrete Verbindung.

Herr Moser steht als Präzedenzfall für viele Betroffene. Im Jahr 2021 verstarben in Österreich[90] 93.332 Personen. 331 Verstorbene waren Kinder und Jugendliche im Alter bis zu 15 Jahren, 7912 Personen verstarben im Alter zwischen 15 und 60 Jahren und 85.089 waren älter als 60 Jahre. Viele der verstorbenen Personen lassen trauernde Hinterbliebene, seien es Eltern, Geschwister, Ehepartner oder Kinder, im berufsfähigen Alter zurück. Darüber hinaus ist davon auszugehen, dass in einer Institution rund 20 Prozent der Mitarbeiter*innen mit pflegerischer Betreuung von alten, kranken und sterbenden Familienmitgliedern betraut sind. Damit wird offensichtlich, dass Trauer, die oft nicht erst mit einem Todesfall beginnt, weit in die Berufs- und Arbeitswelt hineinreicht.

Die Frage, ob man im Trauerfall die Arbeit unterbrechen oder ihr weiterhin nachgehen soll, lässt sich nicht generalisierend, sondern nur individuell beantworten. Zum einen bedeutet Arbeit Handeln, Tätig-Sein. Sie kommt dadurch insbesondere vielen Männern entgegen, weil Arbeit die Möglichkeit bietet, aktiv zu sein und dadurch emotionales Erleben steuern und strukturieren zu können. Trauer bedeutet aber auch Verunsicherung und ein In-Frage-Stellen, die alle Lebensbereiche durchziehen. Beruf und Arbeit ist für viele Männer jener Bereich, der ihr Leben maßgeblich bestimmt. Hier finden sie vertraute und sichere Strukturen. Gerade diese Strukturen können ihnen Sicherheit geben, um sich dem Verlusterlebnis zu stellen. Andererseits bietet der Arbeitsalltag auch die Möglichkeit, aus dem Trauergeschehen für eine kurze Zeit auszusteigen oder es überhaupt zu verdrängen, um neue Kräfte für die folgenden Wellen der Trauer zu sammeln. Neben seinem persönlich hohen Arbeitsethos durchlebte Herr Moser in der Phase der Erkrankung und nach dem Tod seiner Frau alle diese Aspekte in seiner Arbeit. Sie gab ihm Struktur, emotionale Unterstützung durch die Kolleg*innen und die Möglichkeit, aus dem Trauergeschehen auszusteigen, weswegen er zunächst unter keinen Umständen zu Hause bleiben wollte. Gleichzeitig blieben aber auch die Zeichen akuter Trauer nicht aus. Bei Herrn Moser waren es das Gefühl der Leere, ein Nachlassen der Motivation, der Konzentration und der Leistung. Herr Moser hatte Glück mit seinem Betrieb, der ihm die Möglichkeit bot, Trauerarbeit *und* Erwerbsarbeit situationsadäquat in Einklang bringen zu können.

Unterstützung im Betrieb

An seinem Beispiel zeigt sich, dass einer Aufmerksamkeit für Trauer als herausfordernde Phase im Leben von Mitarbeiter*innen am Arbeitsplatz eine wichtige Funktion zukommt. Dass es dabei keineswegs um Einzelfälle geht, zeigen die Zahlen.

Ein Betrieb, in dem auf einen Trauerfall mit einer Kultur des Schweigens und Wegschauens reagiert wird, vermittelt Betroffenen die Botschaft des Funktionieren-Müssens, was zu beträchtlichen negativen Folgen führen kann. Leistungsabfall, Fehlleistungen, Krankenstände, Teamzerfall und vieles mehr können negative Folgen von negierter Trauer in der Arbeitswelt sein. Es kann sich als besonders wichtig erweisen, dass im Bereich der Erwerbsarbeit, die sehr häufig männlich dominiert ist – sei es durch die mehrheitliche Anwesenheit von Männern oder die Ausrichtung an männlichen Lebenswelten und deren Werten –, der Trauer Raum gegeben wird.

Todesfälle in einem Betrieb, aber auch im Umfeld von Mitarbeiter*innen, erzeugen zunächst Sprachlosigkeit und Unsicherheit. Es ist aber als eine wichtige Kommunikationsaufgabe anzusehen – sowohl für Führungskräfte als auch für Kolleg*innen –, die betroffene trauernde Person anzusprechen. Für viele Menschen stellt dieses Ansprechen eine große Hürde da. Aus Angst, etwas Falsches zu sagen, vermeiden viele Menschen, auf Trauernde zuzugehen. Viele haben auch Angst davor, Wunden zu vertiefen oder aufzureißen. Trauernde mit Mitgefühl, aber auch mit Respekt für persönliche Grenzen anzusprechen, ist positiv. Aber wie lässt sich dies in der realen Situation gut bewerkstelligen? Was soll man da sagen? Die Trauerbegleiterin Petra Sutor[91] verweist darauf, dass es nicht in erster Linie ums Sprechen geht. Es braucht keine perfekten Worte. Es geht in erster Linie darum, dass man auf die trauernde Person zugeht, dass man sie in ihrer

Trauer anerkennt (z. B. „Du, ich habe gehört, dass … gestorben ist“) und ihr das persönliche Mitgefühl (z. B. „Das tut mir sehr leid“ oder „Das trifft mich sehr“) ausdrückt. Allein schon dieses Zugehen eröffnet einen Raum der Beziehung, in dem die Trauer geteilt wird. Alles, was man sagt, sollte aber authentisch und ehrlich sein. Nach Sutor ist zu beachten, dass Worte nicht wirklich helfen, jedoch „falsche Worte“ massiv verletzen können. Es braucht weder Erklärungen noch den Versuch, die Trauer zu relativieren, kleinzureden oder gar mittels Trost aufzulösen. Es braucht auch kein voyeuristisches Nachfragen nach dem Hergang. All das könnte man eher als die von Sutor bezeichneten „falschen Worte“ verstehen. Vielmehr geht es darum, dass Trauer einen Raum erhält, sie zugelassen werden kann und eine Beziehungsaufnahme erfolgt, die signalisiert, ein Stück gemeinsam zu tragen. Erst wenn Trauer gelebt werden kann, eröffnet dies eine Zukunft, in der der Verlust integriert werden kann und nicht tabuisiert werden muss. Dieses Ansprechen im Betrieb oder im Alltag muss nicht lange sein. Es ist als Zeichen des Mittragens zu verstehen. Erst wenn es von der betroffenen Person gewünscht wird und es die Möglichkeiten der Anteilnehmenden erlauben, kann daraus ein Gespräch entstehen oder Hilfe angeboten werden. Für einen guten Umgang mit Trauerfällen im Betrieb kann es sich als äußerst hilfreich erweisen, wenn die Leitungsebene unabhängig von aktuellen Vorfällen signalisiert, dass sie für herausfordernde Lebenssituationen Verständnis hat, und wenn sie in Anlassfällen die Initiative im Ansprechen ergreift und damit den Mitarbeitenden ein orientierendes Beispiel gibt.

Führungskräften – sowohl formellen wie auch informellen Führungspersönlichkeiten – in einem Unternehmen stellen sich noch weitere Aufgaben. In ihrer Verantwortung liegt auch, ob und wie Möglichkeiten für Rituale im Unternehmen geschaffen werden wie z. B. das Aufstellen von Kerzen, das Auflegen von Kondolenzbüchern, das Gestalten von Abschiedsfeiern u. v. m. Dazu gehört auch das Schreiben offizieller Traueranzeigen und Kondolenzschreiben. Sie entscheiden über die Gestaltung der Erinnerung und über die Wiedereingliederung von Trauernden. Sie sollten als Erstes mit trauernden Mitarbeiter*innen ins Gespräch kommen und in Absprache mit ihnen alle weiteren Entscheidungen treffen. Sie sind es auch, die mit trauernden Mitarbeiter*innen arbeitsrechtliche Aspekte klären.

Damit im konkreten Anlass gut agiert werden kann, plädiert Petra Sutor dafür, einen „Krisenplan bzw. eine Betriebsvereinbarung zum Thema Tod und Trauer am Arbeitsplatz" zu schaffen. Er kann als Teil des betrieblichen Gesundheitsmanagements helfen, „Strukturen und Ansprechpartner zu etablieren, die im Ernstfall so gut aufgestellt sind, dass Hilfsmaßnahmen zügig greifen und sich Mitarbeiterinnen und Mitarbeiter professionell begleitet fühlen"[92]. Damit wird nicht gefordert, dass alle Führungskräfte eine Trauerbegleitungsausbildung erhalten sollen. Es ist jedoch vorteilhaft, wenn es im Unternehmen einzelne geschulte Kolleg*innen – z. B. aus der Personalabteilung, Betriebsrät*innen, Betriebsärzt*innen oder Vorgesetzte – gibt, die Unterstützung anbieten können. Von entscheidender Bedeutung ist jedoch, dass Führungspersönlichkeiten das Thema Tod und Trauer in ihrem Aufgabenkatalog haben und fähig sind, dementsprechend zu agieren.

NACH DEM TOD EINES KINDES

Das Ehepaar Schmidt kommt ca. ein Jahr nach dem Tod ihres Sohnes, der an den Folgen einer Krebserkrankung verstorben war, zu einer Paartherapie. Während sie in der ersten Zeit nach dem Verlust einander eine große Stütze waren, spürten sie danach eine zunehmende Entfremdung. Ihrem Empfinden nach steht diese Entfremdung im Zusammenhang mit dem Tod ihres Sohnes. Den konkreten Anstoß, die Praxis aufzusuchen, gab jedoch die Erfahrung mit einem befreundeten Paar. Es sind die Eltern des Freundes ihres Sohnes. Im Krankenhaus hatte ihr Sohn einen Freund gefunden, mit dessen Eltern auch sie sich angefreundet haben. Dieser ist leider ein halbes Jahr vor ihrem Sohn gestorben und seine Eltern sind mittlerweile geschieden. Das Elternpaar Schmidt will nun alles tun, um nicht auch so zu enden, und sucht therapeutische Unterstützung. Sie betonen immer wieder, dass sie die Zeit der Krankheit und des Sterbens beide in gegenseitiger Unterstützung erlebten. Auch in der ersten Zeit der Trauer nach dem Begräbnis herrschte noch Einheit in ihrem Erleben. Aber dann irgendwann … Aufgefordert, ihr momentanes Erleben mitzuteilen, erzählt Frau Schmidt emotional sehr bewegt, wie sehr ihr Sohn in ihrem Leben noch präsent ist. Überall in der Wohnung sieht sie ihn, sie spürt, wie sehr er ihr im Alltag fehlt. Fast entschuldigend sagt dann Herr Schmidt, dass auch ihm sein Sohn fehlt. Sehr oft gehe er bewusst nach der Arbeit ein Stück zu Fuß, um in Gedanken mit ihm zu sein. Frau Schmidt ist überrascht und auch ein wenig enttäuscht. Sie fragt, warum er das noch nicht erzählt hat und warum er nicht mit ihr gemeinsam geht? Es folgt ein sehr intensives Gespräch. Darin werden die Beweggründe für Herrn Schmidts Verhalten deutlich, der seine Frau mit seinem Erleben nicht noch mehr belasten will. Deshalb war er sehr zurückhaltend mit seinen Äußerungen. Außerdem muss er sich nach der für beide herausfordernden Zeit der Krankheit und des Sterbens wieder verstärkt seiner beruflichen Tätigkeit widmen. Dies erfordere von ihm hohe Konzentration, aufgrund dessen er vieles andere ausblenden müsse. Diese kurze Zeit des Fußweges beim Nachhausegehen gibt ihm die Möglichkeit, zumindest einmal am Tag mit seinem Kind bewusst Kontakt aufzunehmen.

Diese Paardynamik könnte man beinahe als klassisch bezeichnen. Sie deckt sich auch mit jenen Forschungsergebnissen[93], die Paare in der Trauer untersucht haben. Während Frauen ein größeres Bedürfnis zeigen, über den Tod des Kindes zu sprechen und ihren Schmerz auszudrücken, sind Männer mit dem Gespräch und dem Ausdruck ihrer Gefühle eher zurückhaltend. Oft erhöhen sie ihr Arbeitsengagement. Die Zurückhaltung ihres Partners, über den Verlust zu sprechen, kann von Frauen leicht als Ausdruck mangelnder Emotionalität und Empathie fehlinterpretiert werden. Dagegen fühlen sich Männer oft durch die Intensität und Dauer der Trauerreaktionen ihrer Partnerinnen verunsichert. Um ihre Partnerinnen nicht zusätzlich zu belasten, versuchen sie, ihre eigenen Gefühle unter Kontrolle zu halten. So wird eine offene Kommunikation vermieden, um der Partnerin keinen weiteren Schmerz zuzufügen.

Auch bei Herrn und Frau Schmidt ist eine unterschiedliche Intensität im emotionalen Ausdruck wahrzunehmen. Frau Schmidt erzählt oft und mit heftigen Emotionen über den Krankheitsverlauf, das Sterben und den Tod ihres Sohnes. Herr Schmidt bleibt zurückhaltender, weil er seine Frau mit seinen Gefühlen nicht zusätzlich belasten will. Seine Kontrolliertheit wieder lässt bei Frau Schmidt leise Zweifel hochkommen, ob er denn wirklich trauere. Ausgehend von diesen geäußerten Motiven, Wahrnehmungen und Interpretationen lässt sich über unterschiedliche Trauerwege sprechen. Für beide ist es entlastend zu erfahren, dass jeder Mensch seinen individuellen Weg der Trauer geht. Ich frage sie, ob sie auch während der Betreuung ihres kranken Sohnes ihre Unterschiedlichkeit, mit Leid und Trauer umzugehen, bemerkt hätten. Sie bestätigen, dass Frau Schmidt in vielen Bereichen immer schon stärkere Emotionen zeigte als ihr Mann. Dass eine gewisse Entfremdung erst rund ein halbes Jahr nach dem Tod bemerkbar geworden sei, lässt sich mit der Notwendigkeit, die Herr Schmidt verspürte, sich wieder verstärkt seiner Berufsarbeit zuzuwenden, erklären. Er hatte mit seinen Vorgesetzten und Kolleg*innen klare Abmachungen und auch ihr volles Verständnis gehabt, wie er die Betreuung seines Sohnes mit seiner Arbeit gut verbinden konnte. Danach fühlte er sich verpflichtet, verstärktes Engagement zu zeigen. Um ihnen ein tieferes Verständnis ihres unterschiedlichen Erlebens zu eröffnen, erkläre ich die Verlust- bzw. Wiederherstellungsorientierung. Trotz aller Herausforderung, einen normalen Alltag wiederherzustellen, verspürt Frau Schmidt in weit größerem Ausmaß die Verlustorientierung. Herr Schmidt hingegen sieht sich in weit größerem Ausmaß in der Wiederherstellungsorientierung. Schon bald, nach einigen intensiven Gesprächen gelingt es, ein Verständnis für die unterschiedlichen Bedürfnisse und Wege in der Trauer herzustellen. Entscheidend dafür ist, dass in beiden ein tiefes Vertrauen entstehen konnte, dass der bzw. die andere wirklich trauert. Beide können somit den anderen bzw. die andere im jeweiligen Trauerweg begleiten. Ihr Erleben drücken sie abschließend so aus: „Der Tod unseres Sohnes hat uns zu einer neuen Verbundenheit gebracht. Unter uns und mit ihm."

VERLUSTERFAHRUNG IM ALLTÄGLICHEN LEBEN

Schon Sigmund Freud weist darauf hin, dass Trauer nicht immer nur die Folge eines Verlustes aufgrund von Tod ist. Der normale Alltag eines Menschenlebens ist voll von kleineren und größeren Verlusterfahrungen.

Herr Konrad war 85 Jahre alt und genoss seit 20 Jahren zusammen mit seiner Frau seinen Ruhestand. In letzter Zeit beeinträchtigten ihn immer wieder aus heiterem Himmel auftretende, hämmernde Kopfschmerzen, verbunden mit einem von den Füßen aufsteigenden brennenden und stechenden Hitzegefühl. Die Beschwerden veranlassten seinen Hausarzt umgehend, eine Reihe medizinischer Untersuchungen anzuordnen. Trotz dieser intensiven und sorgfältigen diagnostischen Maßnahmen ließen sich keine klaren organischen Ursachen für Herrn Konrads Beschwerdebild erkennen. Vorsichtig deutete der Arzt an, dass das Problem möglicherweise „im Kopf liege" und er eine Psychotherapie empfehlen würde. Obwohl Herr Konrad bis zu diesem Zeitpunkt noch keine Berührung mit Psychotherapie hatte, willigte er dennoch sofort ein. Er war bereit, „alles zu machen, wenn es nur besser wird". Nach dem Kennenlernen tauchte bereits in den ersten Stunden die Angst als das zentrale Thema dieser Therapie auf. Erstmals in seinem Leben fühlte sich Herr Konrad in der Lage, über seine Ängste zu sprechen, die, wie sehr schnell deutlich wird, ständige Begleiter in allen Lebenslagen waren.

Gleich nach dem Krieg kam er auf der Suche nach Arbeit aus einem ländlich-bäuerlichen Umfeld in die Großstadt. Diese Übersiedelung stellte eine entscheidende Zäsur in seiner Biographie dar. „Werde ich es schaffen?", war seit damals die für ihn zentrale Frage seines Lebens. Nach etlichen Gesprächen ließ sich die Frage präziser formulieren: „Werde ich mit meinen (bescheidenen) Fähigkeiten angesichts der Herausforderungen vor den anderen bestehen können?“ Angst und Unsicherheit begleiteten ihn angesichts neuer Herausforderungen und Aufgabenstellungen, von denen er sich schnell überfordert fühlte. Angst machte ihm aber auch das permanente Gefühl, vor anderen bestehen zu müssen. Hinter diesen Ängsten stand die Erfahrung vieler Verluste, die seinen Selbstwert minderten und Angst und Unsicherheit zur Folge hatten. Den Umzug in die Großstadt erlebte er als einen einschneidenden Bruch in seinem Leben, der jedoch nicht den ersten darstellte.

Herr Konrad wuchs mit Eltern, Großeltern und vier Geschwistern auf einem Bauernhof auf. Er hatte zwei Brüder und zwei Schwestern, wobei er und seine um ein Jahr jüngere Schwester „Nachzügler*innen“ waren. Zwischen ihm und den drei älteren Geschwistern bestand ein Abstand von zumindest sechs Jahren. Herr Konrad erinnerte sich an eine schöne Kindheit, die er mit „fast behütet“ umschrieb. Die zentrale Bezugsperson war für ihn seine Mutter. Aber auch zum Vater hatte er einen guten „Draht“, weil dieser sich relativ viel um die „Nachzügler*innen“ kümmerte. Zudem waren auch noch Großeltern und ältere Geschwister da, von denen immer jemand, aber vor allem die ältere Schwester verfügbar war. So erlebte er trotz des Krieges eine freie und angeregte Kindheit am Bauernhof. Bedingt wurde dies nicht zuletzt deshalb, weil für die Arbeiten stets die älteren Geschwister herangezogen wurden.

Gerne hätte er selbst als Bauer den Bauernhof weitergeführt. Dies war jedoch nicht möglich, da er vom älteren Bruder übernommen wurde. So war er wie die anderen Geschwister gezwungen, anders für seinen Lebensunterhalt zu sorgen. Herr Konrad sollte einen Beruf erlernen. So verließ er mit 15 Jahren sein Elternhaus und zog in einer benachbarten Ortschaft in das Haus seines Lehrmeisters. Hier konnte er zwar erfolgreich seinen Lehrabschluss machen, musste aber auf Anordnung seines Meisters viel mehr in dessen Landwirtschaft als in seinem eigentlichen Lehrberuf arbeiten. Was ihm in dieser Zeit schwer zu schaffen machte, war starkes Heimweh, bedingt durch den rauen Umgangston, der im Haus seines Lehrmeisters herrschte und den er bis zu diesem Zeitpunkt nicht kannte. Als er nach Wien ging, machten sich starke Ängste bemerkbar. Er schilderte, dass er sich manchmal wie gelähmt fühlte. Aber selbst in Stunden größter Angst versuchte er, sich nichts anmerken zu lassen. So hatte er es bis dahin immer gehalten. Seine Ängste kreisten um Fragen wie: „Wo werde ich Arbeit finden, wie werde ich meinen Lebensunterhalt bestreiten?", „Werde ich die in mich gesetzten Erwartungen erfüllen können?" Auch in den nachfolgenden Krisen tauchten diese Fragen immer wieder auf. Als er seine Frau kennenlernte, zögerte er lange mit der Heirat. Erst als das erste Kind unterwegs war, entschloss er sich zur Hochzeit. Obwohl er seine Frau liebte, ließ ihn die Frage, ob er eine Familie ausreichend erhalten könne, zögern. Existenzängste waren seine ständigen Begleiter und führten in der Folge zu einem rigiden Sparverhalten. Das brachte ihn in heftige Konflikte mit seiner Frau und seinen mittlerweile vier Kindern. Um besser für die materielle Grundlage seiner Familie sorgen zu können, ließ er sich im Alter von 45 Jahren in einen technischen Beruf umschulen. Auch diese Entscheidung war geprägt von selbstzweifelnden Fragen, ob er die Prüfungen schaffen werde und im neuen Job bestehen könne? Als dann die grundsätzlich positiv erwartete Pension kam, blieben auch hier die existenziellen Ängste nicht aus. Zudem traten noch andere, neue Fragen in den Vordergrund, Fragen, die mit dem Blick in die Vergangenheit in Zusammenhang stehen. Sie waren für Herrn Konrad zwar nicht ganz neu, aber heftig wie noch nie. Den Blick zurück begleiteten die Fragen: Habe ich meine Tätigkeit gut ausgeführt bzw. was denken die anderen jetzt von mir?

Herr Konrad blickte angstvoll sowohl in die Zukunft als auch in die Vergangenheit. Während der Blick in die Zukunft von Versagensängsten („Werde ich es schaffen?") geprägt war, standen mit Blick in die Vergangenheit Schuldgefühle („Habe ich alles zur Zufriedenheit erfüllt oder bin ich etwas schuldig geblieben?") im Zentrum. Seine Zukunftsangst in Bezug auf die Pension versuchte er dadurch in den Griff zu bekommen, dass er sich ein neues Betätigungsfeld suchte. Er fand es in der Hausarbeit. So bestand sein erstes Projekt in einer Neuordnung der Küche, womit er eines Tages seine Frau überraschte, als sie von der Arbeit kam.

Das Leben von Herrn Konrad ist durch vielfältige Verlusterfahrungen gekennzeichnet. Der Auszug aus dem Elternhaus, um einen Beruf zu lernen, war wohl der seine Biographie prägendste Verlust. Damit musste er seine Kindheit und Jugend und das damit verbundene Beziehungsgeflecht, das ihn bis dahin stützte, zurücklassen und seinen Traumberuf aufgeben. Trotz dieser emotional sehr belastenden Veränderungen hatte er wenig Raum zum Trauern. Da war zunächst der Lehrmeister, der Leistung forderte. Der Abschied fiel nicht nur ihm, sondern auch seiner Mutter schwer, die viele Tränen vergoss und in ihm das Bedürfnis erzeugte, sie zu trösten und nicht mit seinen Gefühlen zu belasten. Sein Vater zeigte auch aufgrund eigener Erfahrung viel Verständnis für die Schwierigkeit des Weggehens und die Probleme an der neuen Arbeitsstelle. Auch ihm war in seiner eigenen Jugend der Auszug aus dem Elternhaus schwergefallen. Positiv bestärkend meinte er, dass er darauf vertraut, dass Herr Konrad es schon schaffen werde. Diese wohlwollende Bestärkung und Vertrauensbekundungen des Vaters kamen jedoch bei Herrn Konrad als Appell an, es selbst schaffen zu müssen. So erlebte er für sich keine Möglichkeit, seinem Schmerz über den Verlust und seiner Angst vor dem Neuen Raum zu geben. Er konnte sie nicht einmal benennen, um sich ihnen bewusst zu stellen, sie realistisch einschätzen zu lernen und nach neuen Möglichkeiten der Interpretation und Hilfestellungen zu suchen. Stattdessen setzte sich in ihm das Gefühl fest, selbst damit fertig werden zu müssen.

Wir haben festgehalten, dass Trauer zwei Funktionen erfüllt: Sie fördert das persönliche Reflexionsvermögen und sendet Signale um Hilfe an andere. Im Idealfall eröffnet Trauer einen Raum, in dem in Verbundenheit mit anderen eine Reflexion des Vergangenen ermöglicht wird. Das Teilen des Schmerzes und der Trauer verstärkt die Verbundenheit mit anderen, die wiederum eine Selbststärkung und Sicherheit für die trauernde Person zur Folge hat. Dieses Gefühl der Sicherheit im Selbst ermöglicht die Reflexion. Das gestärkte Selbst kann den Verlust existentiell reflektieren, ihm einen neuen Ort in seinem Leben zuordnen und versöhnt mit dem Vergangenen den Blick in die Zukunft richten. Das in der trauernden Verbundenheit gestärkte Selbst ist dann auch frei, neue Ressourcen, Perspektiven und Möglichkeiten zu entdecken, mit denen die Zukunft bewältigt werden kann. Herr Konrad konnte – trotz wohlwollender Personen in seiner Familie – an den biographischen Brüchen seines Lebens der Trauer keinen Raum geben. Vielmehr verfestigte sich in ihm die Überzeugung, Krisen allein bewältigen zu müssen. Dieses Muster prägte sein ganzes Leben. Statt eines gestärkten Selbstwerts aus einer gemeinsam durchlebten Trauer sah er sich gezwungen, seine Krisen mit Selbstzweifel allein zu bestehen, begleitet von einem schlechten Gewissen mit Blick in die Vergangenheit und von Versagensängsten mit Blick in die Zukunft.

Danach gefragt, ob Herr Konrad seine Ängste nicht mit Freund*innen oder zumindest mit seiner Frau besprechen konnte, meinte er nur, dass er zwar sehr viele Freund*innen und Bekannte hatte, aber mit keinem so nah war, dies anzusprechen. Seiner Frau hatte er sehr wohl davon erzählt und von ihr auch Anteilnahme erlebt. Im Laufe der Gespräche zeigte sich aber, dass es ihm schwerfiel, sich ihr gegenüber ganz zu öffnen und anzuvertrauen. Es überwog immer wieder das Gefühl, sie schützen zu müssen. So sah er das Wohlergehen seiner Frau und das seiner Familie einzig und allein auf sich lasten. Seinen Ängsten versuchte er einerseits mit Stärke und Selbstdisziplin zu begegnen. Andererseits sorgte er nach außen mit umso größerer Bestimmtheit für klare angstminimierende Verhältnisse. In diesem Stark-sein-und-alles-alleine-schaffen-Müssen spiegelt sich letztlich das männliche Dominanzgebot wider. Herr Konrad bekannte offen, dass er einen Zug zum Bestimmen hat. Konkret fassbar wurde es im Laufe der kurzen Therapie an seinem sehr rigiden Sparkurs gegenüber der Familie. Ein weiterer Ausdruck männlichen Dominanzverhaltens war, als er bei seinem Pensionsantritt die Küche, die bisher immer der Bereich seiner Frau war, ohne vorhergehende Absprachen neu geordnet hat.

Verluste reflektieren

Im Leben Herrn Konrads gab es wie im Leben vieler Männer zahlreiche Situationen, in denen Verlustsituationen und Trennung Trauer bewirkten, wie sie Wolfgang Müller-Commichau und Roland Schaefer beschreiben.[94] Den Beginn stellt die erste elementare Trennung durch die Geburt dar. In ihr wird der neue Erdenbürger aus dem paradiesischen Zustand im Leib der

Mutter in ein neues Dasein gestoßen. Vom Kleinkindalter an ist jedes Kind gefordert, zu lernen, mit den Dingen der Welt umzugehen und in vielfältigen Beziehungen mit Eltern und Familie, Geschwistern, Freund*innen und anderen zu bestehen. Diesen Weg kennzeichnen viele Verluste, Rückschläge, das Erleben des Unterlegenseins und vieles mehr. Es müssen Trennungen von geliebten Menschen wie z. B. der Mutter oder anderer zentraler Bezugspersonen, die einen längeren Krankenhausaufenthalt haben, oder aber wichtigen Freundschaften, die in Brüche gehen, durchlebt werden. Auch eine Trennung der Eltern kann das Kind in tiefe Trauer versetzen. Selbst vor der Erfahrung des Todes bleibt eine Kindheit nicht verschont, sei es, dass ein Haustier stirbt oder sogar ein Familienmitglied oder ein anderer nahestehender Mensch. Selbst wenn ein Familienmitglied die Familie verlässt, beispielsweise wenn Geschwister wegen ihrer Ausbildung, ihrer Arbeit oder des Gründens einer eigenen Familie ausziehen, stellt das ein Verlusterleben dar. Und selbstverständlich ist auch der persönliche Weggang aus der Familie, wie dies bei Herrn Konrad der Fall war, mit Trauer verbunden. Aber auch das Erwachsenenalter ist durch vielfältige Verlusterfahrungen geprägt. Nach Müller-Commichau und Schaefer kann der Abschluss einer biographischen Phase von starker Trauer begleitet sein. Sie verweisen dabei auf den Abschluss einer Ausbildung und den Eintritt ins Berufsleben. Obwohl es sich hier im Grunde um ein positives Entwicklungsgeschehen handelt, ist es mit dem Abschied von Vertrautem verbunden, das gleichzeitig auch von der Angst vor Neuem begleitet sein kann. Als weitere Verlustsituationen führen die Autoren einen Arbeitsplatzverlust, das Verlassenwerden durch einen Partner bzw. eine Partnerin, aber auch das Brüchigwerden des Rollenverständnisses als Mann an. Die Abnahme der sexuellen Attraktivität verweist auf jene Phase im Leben eines Menschen, die besonders stark mit Verlusten verbunden ist: das Alter.

Der Prozess des Älterwerdens stellt viele Ideale, Normen und Werte einer hegemonialen Männlichkeit in Frage und ist von daher eine große Herausforderung für viele Männer. Eine tiefgehende Zäsur stellt die Pensionierung dar. Mit ihr verliert der Mann eine der wichtigsten Säulen seiner Identität, den Beruf. Lothar Böhnisch spricht deshalb von der „Entberuflichung"[95]. Mit dieser „Entberuflichung" wird der Mann nach der Psychologin Insa Fooken „aus der aktiven Männergesellschaft entlassen"[96]. Er verliert damit nicht nur den öffentlichen Status und die öffentliche Anerkennung sowie die beruflich gestifteten Sozialkontakte, sondern im Mikrokosmos der Familie auch den Status des Familienernährers. Keine äußere (berufliche) Aufgabenstellung und keine vorgegebene Tagesordnung strukturieren nunmehr seinen Tag. Selbst die Beziehung zu seiner Partnerin und zur häuslichen Arbeitsteilung muss neu definiert werden. Ein Mann in der Pension muss erstmals mit sich selbst zurechtkommen, denn für diese Lebensphase gibt es keine Rollen- und Sinnvorgaben. Männer sind gezwungen, sie selbst zu entwickeln. Geringere finanzielle Mittel engen seine Handlungsspielräume zusätzlich ein.

Die „Entberuflichung" des Mannes hat tiefgehende Auswirkungen auf seine sozialen Beziehungen. Spätestens jetzt wird offensichtlich, dass viele beruflich vermittelte Freundschaften über reine Kollegialität nicht hinausgegangen sind. Sie brechen nach dem beruflichen Ausstieg weg. Viele Männer finden sich dann in von Frauen geknüpften Netzwerken wieder, weil der Großteil der Beziehungen, die sie in der Privatheit der Pension vorfinden, von ihren Frauen gestiftet und gepflegt wurde. Auch die eigene Paarbeziehung erhält in vielen Fällen eine neue zentrale Bedeutung.

Einerseits bietet sie Kontinuität, aber andererseits wird sie auch zur Herausforderung. Ergebnisse des Generations- und Gender-Survey verweisen darauf, dass sich die Zufriedenheit in der Beziehung bei Männern und Frauen im Alter unterschiedlich entwickelt. Während sie bei Männern mit dem Alter steigt, nimmt sie bei Frauen ab.[97] Das Auseinanderklaffen der Zufriedenheit spiegelt sich mittlerweile in den steigenden Scheidungsraten in dieser Lebensphase. Männer stehen somit sehr oft rund um ihre Pensionierung auch in ihrer Beziehung vor einer Zäsur. Sie sind gefordert, ihr Beziehungsleben neu zu reflektieren und neu zu gestalten. Kontakte außerhalb der Familie zu pflegen, stellt eine weitere Herausforderung dar. Nur die Hälfte der Männer bemüht sich im Alter um ein regelmäßiges Pflegen außerfamiliärer Kontakte, ein weiteres Drittel sorgt sich gelegentlich darum, aber ein Viertel tut dies nie.[98] Ehrenamtliche Tätigkeit wäre nun eine neue Quelle sozialer Beziehungen. Ein genauer Blick darauf zeigt jedoch ein spezifisches Muster. Im Ehrenamt bevorzugen Männer Tätigkeiten, die mit anerkannten, prestigeträchtigen, einflussreichen und mitunter auch politischen Positionen und Rollen verbunden sind. Tätigkeiten, die unauffällig, alltäglich und eingebettet in Alltagsbeziehungen sind, verbleiben eher bei den Frauen.[99] Dadurch schränken Männer auch hier die Möglichkeit, in einem sozialen Netzwerk verwurzelt zu sein, für sich ein.

Der Sozialwissenschaftler Eckart Hammer formuliert nach der Analyse dieser Fakten: „Je höher das Lebensalter, desto größer die Gefahr der Isolation für den Mann."[100] Vereinsamung kann als das größte Problem für Männer im Alter angesehen werden. In diese Richtung weisen auch die Suizidraten. Ist die Suizidrate bei Männern generell rund drei Mal so hoch wie bei Frauen, so steigt sie bei den über 85-Jährigen auf das Vierfache der Rate der gesamten männlichen Bevölkerung an. Die Gefahr der Vereinsamung wird verstärkt durch den Umstand, dass Männer nach einer Scheidung / Verwitwung ein erhöhtes Risiko haben, zu erkranken oder zu versterben.[101]

Alter bedeutet auch eine Zunahme der körperlichen Gebrechlichkeit. Sie trifft Männer an einer empfindlichen Stelle. War doch der unversehrte funktionstüchtige Körper die Basis, um sich in einer Männerwelt durchzusetzen. Es beginnt mit der Notwendigkeit einer Brille, danach eines Hörapparats, tangiert unausweichlich die Sexualität und endet sehr oft bei einer lebensbedrohlichen Erkrankung, an der Männer im Alter häufiger versterben als Frauen. (Frauen leben zwar länger, erkranken jedoch häufiger an nicht lebensbedrohlichen und chronischen Erkrankungen. Sie erleben ein Alter mit eingeschränkter Lebensqualität.) Dahinter steht ein lebenslang eingeübter männlicher Stil, mit dem Körper und der Gesundheit umzugehen. Einerseits liegt das Augenmerk auf der Funktionstüchtigkeit des Körpers, weshalb er trainiert und gestaltet werden muss. Andererseits ist dieser männliche Stil auch von einer Nachlässigkeit geprägt, die beispielsweise in der weitaus geringeren Bereitschaft von Männern erkennbar wird, einen Arzt oder eine Ärztin für eine Vorsorgeuntersuchung aufzusuchen. Zusätzlich wird dem männlichen Körper über die gesamte Lebensspanne hinweg eine hohe Belastung zugemutet: Dies kann von exzessivem Alkohol- und Nikotinkonsum, vermehrtem Übergewicht bis hin zu risikoreichem Verhalten im Sport und im Beruf reichen. In diesen männlichen Verhaltensweisen im Umgang mit Körper und Gesundheit kann einer der Hauptgründe gesehen werden, warum Männer in unseren Gesellschaften um rund fünf Jahr kürzer leben als Frauen.

Eine Gebrechlichkeit, die viele Männer am härtesten trifft, stellt die Abnahme ihrer sexuellen Fähigkeiten dar. Mit ihr schwindet eine der letzten „Identitätskrücken der Männlichkeit“[102]. Penetration und Geschlechtsverkehr müssen zugunsten anderer Formen von Erotik und Zärtlichkeit in den Hintergrund treten. Männer sind gefordert, neue Formen der Zärtlichkeit zu entdecken. Es geht jetzt darum, „eine zweite Sprache der Sexualität im Alter“[103] zu erlernen. Die mit der größten Angst besetzte Erkrankung ist jedoch die Demenz. Für viele Menschen und ganz besonders für Männer ist der Abbau der geistigen Leistungsfähigkeit mit großer Angst verbunden, weil er gleichbedeutend mit allmählichem Kontrollverlust und zunehmender Abhängigkeit erlebt wird. Statistisch gesehen besteht die Wahrscheinlichkeit, an Demenz zu erkranken, bei den 65–69-jährigen Männern bei 1,65 Prozent (gesamt 1,85 Prozent). Das Risiko steigt bei 90-jährigen und älteren Männern auf 29,7 Prozent (gesamt 36,32 Prozent).[104] Schließlich heißt Alter auch, dass traumatische Lebenssituationen wieder akut werden können. Vor allem die Männer der Kriegsgeneration waren an der Front traumatischen Gewalterfahrungen ausgesetzt. In den meisten Fällen wurden diese Erfahrungen nicht klinisch auffällig. Die Betroffenen hatten Wege gefunden, die traumatischen Erfahrungen in ihren seelischen Haushalt zu integrieren und mit dem Trauma zu leben. Bei zusätzlichen Belastungen oder bei nachlassenden Kräften – wie es im Alter der Fall sein kann – lässt sich die Balance der seelischen Kräfte oft nicht mehr aufrechterhalten und die Belastungen treten dann wieder in den Vordergrund.

All die Gebrechlichkeiten bis hin zur tödlichen Erkrankung berauben Männer ihrer Unabhängigkeit und Selbständigkeit. Die Abhängigkeit, die mit einer Pflegebedürftigkeit einhergeht, ist schwer vereinbar mit den Maximen einer traditionellen Männlichkeit. Viele Männer erleben in dieser Situation Gefühle der eigenen Sinn- und Wertlosigkeit. Ein 80-jähriger Mann drückt es kurz vor seinem Tod treffend aus: „Es ist sehr hart, seine Unabhängigkeit zu verlieren. Ich hätte früher psychologische Hilfe in Anspruch nehmen sollen, aber ich konnte sie nicht erbitten.“[105] Vor diesem Hintergrund ist es umso erstaunlicher, dass etwa die Hälfte der 60–70-Jährigen nie oder nur selten (Männer noch weniger als Frauen) über das pflegebedürftige Älterwerden nachdenken.

Der Tod bildet schlussendlich die letzte große Herausforderung. Der deutsche Hospizkrankenpfleger Erich Linnemann beobachtet: „Gerade die Männer wirken sehr häufig wie überfordert mit der Tatsache ihres nahenden Lebensendes. [...] Wesentlich häufiger als Frauen sind Männer bis kurz vor ihrem Tod in umtriebiger Bewegung, sehen fern und sterben nicht selten im Sessel, noch mit einer Zeitung in der Hand.“[106] Fast scheint es, als ob hier die männliche Externalisierung, die Neigung, sich nach außen zu orientieren, eine letzte Erfüllung finden würde.

Die australische Palliativkrankenpflegerin Bronnie Ware hat aus ihrer Erfahrung im Umgang mit Sterbenden „5 Dinge, die Sterbende am meisten bereuen“[107], formuliert:

- Ich wünschte, ich hätte mehr Mut gehabt, mir selbst treu zu bleiben, statt so zu leben, wie andere es von mir erwarteten.
- Ich wünschte, ich hätte nicht so viel gearbeitet.
- Ich wünschte, ich hätte den Mut gehabt, meinen Gefühlen Ausdruck zu verleihen.
- Ich wünschte, ich hätte den Kontakt zu meinen Freund*innen gehalten.
- Ich wünschte, ich hätte mir mehr Freude gegönnt.

Wenngleich Bronnie Wares Erfahrungen sich nicht nur auf Aussagen von Männern stützen, so erhalten sie im Kontext eines Männerlebens besondere Aussagekraft. Gleichzeitig weisen sie die Richtung, in der Männer im Alter sich mit ihrer Situation auseinandersetzen und zu Weisheit und Zufriedenheit gelangen können. Dies würde bedeuten, dass Männer verstärkt auf ihr Inneres hören, ihre Bedürfnisse und Gefühle wahrnehmen (lernen), sich aktiv gestaltend in Beziehungen begeben und ihre Werthaltungen von der Fokussierung auf (berufliche) Leistung, Durchsetzung, Unabhängigkeit auf ein soziales Miteinander und spirituelle Vertiefung hin erweitern.

Wenngleich das Alter für Männer in Verbindung mit den Normen und Werten einer traditionellen Männlichkeit eine besondere Herausforderung darstellt, gelingt es doch etlichen, sich diesen Herausforderungen zu stellen und ein gutes Leben bis zuletzt zu leben. Dabei handelt es sich um Männer, die bereit sind, wie Herr Konrad diesen Weg in ihr Inneres zu gehen. Konkret bedeutet es die Bereitschaft, sich von den Widerfahrnissen des Lebens und von den Verlusterfahrungen treffen zu lassen, sie trauernd zu bedenken, in das Gesamt des Lebens einzuordnen und neue Möglichkeiten, Leben zu gestalten, zuzulassen. Im Alter ist dieser Selbstbezug immer auch mit einer Form der Lebensbilanz verbunden. Es gilt, von manchen Dingen, Handlungen, Erwartungen und Werten des Lebens Abschied zu nehmen und sich den bleibenden kostbaren Möglichkeiten seines Lebens verstärkt zuzuwenden. Die damit verbundenen Prozesse der Trauer ermöglichen es, die Ereignisse des Lebens zu integrieren, und machen frei, sich erneut auf seine menschlichen und spirituellen Quellen zu besinnen. Eine der wichtigsten Ressourcen stellen soziale Beziehungen dar. Sie müssen gerade im Alter besonders gepflegt werden, um eine neue Beziehungsfähigkeit zu erlangen, die von einem ausgeglichenen Geben und Nehmen geprägt ist, in der auch Abhängigkeit konstruktiv angenommen und gelebt werden kann.

III.
TRAUERNDEN BEGEGNEN – TRAUERNDE BEGLEITEN

Trauer ist ein Prozess der Selbstreflexion, verweist aber gleichzeitig auf andere. Es handelt sich um ein soziales Geschehen, das Menschen in Verbundenheit mit anderen durchleben. Als soziale Wesen stehen wir von unserer Zeugung bis zu unserem Tod und darüber hinaus in Beziehung zu Menschen. Auch wenn beobachtbar ist, dass unter Männern mitunter das Ideal der Unabhängigkeit und damit verbunden der Anspruch, mit den Herausforderungen des Lebens weitgehend allein fertig zu werden, einen hohen Wert darstellt, so bleibt hier dennoch die Verwiesenheit auf den Mitmenschen als menschliche Grundkonstante bestehen. Vollkommen ohne die anderen kommt niemand aus und so fügt der Verlust von Bedeutsamem in jedem Fall eine Wunde zu. Jeder Mensch ist deshalb von Geburt an mit der Fähigkeit zu trauern ausgestattet. Jedoch entwickelt sich die konkrete Art und Weise, wie eine Person trauert, in einem lebenslangen Lernprozess in Beziehung mit anderen Menschen. Bereits das Kind ist eingebunden in die Trauervollzüge der Eltern, der weiteren Familie, der Peers und nahen Bekannten. Mit zunehmendem Alter erweitert und verändert sich das Beziehungsnetz. Aber auch die jeweilige Kultur und gesellschaftliche Strukturen wie beispielsweise die Arbeitswelt und medial vermittelte Trauermodelle und -bilder nehmen Einfluss auf die individuelle Trauerentwicklung. Innerhalb dieses Gefüges nimmt die einzelne Person einerseits Impulse von außen auf, die sie andererseits eigensinnig, d. h. im Sinne der eigenen Persönlichkeit, verarbeitet. Unterschiedliche Erfahrungen führen so in Beziehung mit anderen zu unterschiedlichen Persönlichkeiten, die ihre Trauer verschieden leben.

Grundsätzlich werden Menschen in ihrem Alltag laufend mit Erfahrungen konfrontiert, die Trauer hervorrufen. Abgesehen von den Todesfällen nahestehender Personen, die Menschen im Normalfall in größeren Abständen treffen, begegnen einem im Alltag immer wieder Verlusterlebnisse. Da werden beste Freund*innen von ihren Partner*innen verlassen, Nachbar*innen sind lebensgefährlich erkrankt, ein Geschwisterkind schafft die Schularbeit nicht, ein Verwandter wird arbeitslos, ein Haustier stirbt und vieles mehr. Diese Alltagserfahrungen stehen im Gegensatz zu einer unter Männern weit verbreiteten Überzeugung, wonach man sich auf Verlust- und Trauersituationen nicht einstellen oder vorbereiten kann. „Das Gegenteil aber ist richtig", widersprechen Wolfgang Müller-Commichau und Roland Schaefer dieser Beobachtung: „Wenngleich die jeweils konkrete Leidenserfahrung ihre ganz spezifische Ausprägung hat, ist es dennoch möglich, Verlust- und Trauersituationen im eigenen Leben quasi vorzubereiten, indem mann [so im Original] Verlust und Trauer bei anderen mit viel Einfühlungsbereitschaft begleitet."[108] Die Autoren sehen damit den Alltag als den Ort, an dem Männer (wie alle Menschen auch) ihr Vermögen zu trauern (weiter)entwickeln. Trauer ereignet sich zunächst in den alltäglichen Geschehnissen, in die „mann" sich involvieren lässt, in denen jemand in empathischer Verbundenheit mit anderen deren Trauer mitträgt und teilt. In solchen Erfahrungen wächst die Kompetenz, der Trauer dort Raum zu geben, wo sie einem begegnet. Selbst wenn die eigene Trauersituation, wie jede Trauererfahrung, individuell völlig neuartig und anders ist, können bisher gemachte Erfahrungen Orientierung und Sicherheit geben.

Eine solche Situation kann sich beispielsweise bei einem Kind – vielleicht sogar dem eigenen –, das sich verletzt, ergeben. Es weint herzerweichend. Der Impuls vieler Menschen ist nun, auf das Kind zuzugehen und es zu trösten. Oft ist zu beobachten, dass das Kind umarmt und geherzt wird und gleichzeitig mit Äußerungen wie „Ist ja nichts passiert" oder „Ist ja nicht so schlimm“ etc. zu trösten versucht wird. Dabei handelt es sich um einen verhängnisvollen doppeldeutigen Versuch. Denn dieser Versuch, zu trösten, zielt auf die Minimierung und Verharmlosung des Schmerzes. Er soll ungeschehen gemacht werden. Gleichzeitig erfährt das Kind in seinem Schmerzerleben eine Abwehr, indem der erlebte Schmerz als wenig bedeutsam qualifiziert wird. Eine empathische Reaktion hingegen erkennt den Schmerz an („Oje, du hast dich verletzt“, „Das tut jetzt weh, aber es ist nichts Schlimmes passiert“). Sie eröffnet dem leidenden Kind einen Resonanzraum in der Begegnung und teilt mit ihm den Schmerz. In der Sicherheit der Verbundenheit kann das Kind den Schmerz bewältigen. Ähnliche Erfahrungen machen Menschen, wenn ein naher Mensch verstorben ist. Immer wieder begegnen sie anderen, die ihren Trauerfall bewerten („Er war eh schon so alt“), erklären („Besser so, sonst wäre sie ein Pflegefall geworden“), Ratschläge erteilen („Du darfst dich jetzt nicht gehen lassen“, „Da musst du durch“, „Du musst loslassen“) etc. Im Allgemeinen entspringen solche Aussagen der guten Absicht, dem Betroffenen Trost zu spenden. Dennoch wirkt auch in ihnen das Bemühen, den Schmerz ungeschehen zu machen, zumindest zu minimieren und zu kontrollieren – aus Angst, die Trauer, das Leid oder der Schmerz könnten zu groß werden. Aber viele Trauernde erleben sich in ihrem Leid gerade dadurch abgelehnt.

Schutzräume schaffen

Dagegen bieten die Begegnung und das Gespräch mit Trauernden einen „Schutzraum“[109] an. In diesem Raum kann Trauer ausgedrückt, anerkannt und geteilt werden. Trauer ist ein Beziehungsgeschehen, das sich ganz an der Erfahrung der trauernden Person orientiert. Durch aktives Zuhören und einfühlendes Verstehen helfen Gesprächspartner*innen Trauernden, ihre Erfahrungen, Erinnerungen, Gedanken und Gefühle auszudrücken, zu verstehen und in ein neues Sinngefüge zu integrieren. Dies kann sich in kurzen Sequenzen der Begegnung ereignen, in denen die trauernde Person selbststärkende Impulse der Wertschätzung erlebt. Aber auch längere Begegnungszeiten, so sie für beide Seiten möglich und erwünscht sind, sind hilfreich. Die begleitende Person spendet keinen Trost. Absichtslos und empathisch greift sie auf, was die trauernde Person mitteilt. Gemeinsam mit ihr sucht sie den Sinnzusammenhang. Fragend versucht sie, das Erfasste wiederzugeben. Damit vermeidet sie vorschnelle Erklärungen und Ratschläge. Diese Art zu sprechen, unterstreicht den Suchcharakter des Gesprächs und ermöglicht dem trauernden Menschen, sein eigenes Sinngefüge selbst zu entdecken. Für den größten Teil der Trauernden ist dies der Weg, wie sie Trauer bewältigen. Selbst wenn die Trauer mitunter sehr heftig und belastend sein kann, aber auch dann, wenn sie moderat erscheint oder keinerlei Reaktionen geäußert werden, wird sie von der Mehrheit der betroffenen Menschen aus eigener Kraft und mit der menschlichen, freundschaftlichen Zuwendung der Menschen, mit denen sie verbunden sind, durchlebt und bewältigt. Die Mehrzahl der Trauernden bedarf keiner professionellen Unterstützung von Expert*innen. Dennoch erleben es manche Menschen als sehr hilfreich, wenn sie eine institutionell angebotene Trauerbegleitung in Anspruch nehmen. In diesen Institutionen stehen Trauernden geschulte Personen zur Verfügung. In Einzel- oder Gruppengesprächen, Seminaren oder Workshops begleiten sie Trauernde für eine bestimmte Zeit. Viele Trauernde profitieren davon, sich in ihrer Trauer einer außenstehenden, nicht der Familie oder dem Freundeskreis angehörigen und fachlich versierten Person anzuvertrauen und mit ihr auszutauschen.

Neben dem Eingebundensein vollzieht sich Trauer immer auch

in der allein ertragenen persönlichen Stimmung und Reflexion der trauernden Person. Sei es als Empfinden oder Sinnieren, das während einer Tätigkeit (in der Arbeit, bei einem Spaziergang, in einer Pause) entsteht und in Selbstreflexion mündet, oder sei es innerhalb eines bewusst gewählten Rückzugs der Selbstreflexion. Dabei kann man sich den eigenen Stimmungen und Gedanken hingeben und sie reflektieren. Mitunter kann es auch hilfreich sein, sich von einem Text, wie beispielsweise die „Aufhebung" von Erich Fried, anregen zu lassen. Dieselbe Funktion kann auch ein expressives Bild wie beispielsweise „Abraham beweint Sarah" von Marc Chagall oder auch das Bild „Der Tod im Krankenzimmer" von Edvard Munch erfüllen. Für musikalisch orientierte Personen können Songs wie „Tears in Heaven" von Eric Clapton oder „Dann mach es gut" von Reinhard Mey Grundlage einer trauernden Selbstreflexion sein.[110] Selbst Filme, in denen Trauernde dargestellt werden, können Grundlage für eine persönliche Auseinandersetzung sein. Die angeführten Medien können jedoch nicht nur als Grundlage für persönliche Trauerprozesse dienen. Sie können auch als Angebot innerhalb von Trauergruppen und Trauerbegleitungen verwendet werden. Die Auseinandersetzung mit diesen Medien kann auch dazu anregen, eigene Erfahrungen und Gedanken zu Papier zu bringen. Derartige Schreibprozesse stellen eine gute Möglichkeit dar, das „Leid kreativ [zu] wandeln"[111], wie es Petra Rechenberg-Winter in ihrem gleichnamigen Buch anschaulich beschreibt. Wieder kann ein solcher Schreibprozess allein oder in der Gruppe mit anderen erfolgen. Für die Begleitung von Männern geben Norbert Mucksch und Traugott Roser mit ihrer Aufforderung „Dorthin(mit-)gehen, wo Trauernde hingehen" wertvolle Anregungen. Sie schlagen vor, einen Männerstammtisch zur Trauer einzurichten. Er würde in einer gerade unter Männern kulturell vertrauten Form niederschwellig die Möglichkeit zu Gespräch und Austausch bieten. In die ähnliche Richtung geht ein weiterer Vorschlag. Er regt an, ein „Trauerpilgern“ zu initiieren. Eine Gruppe Betroffener macht sich auf Wanderschaft und pilgert an einen zuvor ausgemachten Ort. Dies kann unter Begleitung von Expert*innen oder allein im Austausch von Betroffenen erfolgen. Nach Belieben können Zeiten des Redens oder des Schweigens eröffnet werden. Gleichzeitig greift es ein unter Männern oft vorhandenes Bedürfnis nach Bewegung und Aktivität auf und gibt ihm Raum.

Anhaltende Trauer

Auch wenn Trauern kein pathologisches Geschehen ist und deshalb auch der überragende Großteil der betroffenen Menschen sie allein innerhalb ihres Beziehungsnetzes, vielleicht unterstützt durch Trauerbegleitung, durchlebt, muss doch auch festgehalten werden, dass bei einer kleinen Gruppe (ca. 10–15 Prozent) von Trauernden die Trauerreaktionen besonders intensiv und lang andauernd auftreten können. Der Alltag der betroffenen Personen kann dadurch erheblich beeinträchtigt werden. Wenn diese Intensität auch sechs Monate nach dem Verlust unvermindert anhält, dann kann man an eine „anhaltende Trauerstörung“[112] denken. Konkret enthält diese Diagnose im Kern folgendes Erleben: Sehnsucht und Verlangen nach der verstorbenen Person, anhaltende Beschäftigung mit dem Verlust, Symptome intensiven emotionalen Schmerzes und signifikante psychosoziale Beeinträchtigungen. Vielen Leser*innen werden diese Reaktionen auf einen Verlust möglicherweise bekannt vorkommen. Sie sind ihnen vielleicht selbst oder bei anderen Personen in einer Verlustsituation schon begegnet. Eine große Sehnsucht nach der verstorbenen Person, eine intensive Beschäftigung mit dem Verlust und großer Schmerz können auch Teil einer normal verlaufenden Trauer sein.

Der entscheidende Unterschied zu einer Trauerstörung liegt in ihrer langandauernden Intensität. Das Manual zum Diagnostizieren von Erkrankungen (ICD-11)[113] gibt diese Zeitdauer mit länger als sechs Monate an oder wenn sie jenseits der zu erwartenden soziokulturellen Normen liegen. Damit will der ICD-11 aussagen, dass es Trauerprozesse geben kann, in denen auch eine normal verlaufende Trauer länger als sechs Monate dauern kann. Dies ist beispielsweise bei Eltern, die ein Kind verloren haben, der Fall. Hier kann der Trauerprozess oft viel länger andauern. Der ICD-11 als ein internationales Handbuch nimmt damit auch verschiedene Kulturen in den Blick, in denen jeweils andere Trauerverläufe die Norm sein können. Der Verweis auf diese Unterschiedlichkeit macht deutlich, dass sich Trauer schwer an absolut geltenden Normen festmachen lässt. Trauer ist höchst individuell. So kann man bei einem Trauerverlauf – unabhängig davon, wie heftig die Trauerreaktionen sind – frühestens nach einem halben Jahr prüfen, ob er als anhaltende Trauerstörung verstanden werden muss.

Die Trauerforschung versucht intensiv herauszufinden, warum der für einen Großteil der Trauernden normal verlaufende Prozess für eine kleine Gruppe entgleisen und zu einem pathologischen Geschehen werden kann. Bisher ist es zumindest gelungen, einige Risikofaktoren[114] zu identifizieren, deren Auftreten es wahrscheinlich machen kann, dass es zu einer anhaltenden Trauerstörung kommt.

Ein Risiko besteht, wenn eine Person

1. geringe soziale Unterstützung hat,
2. einen ängstlichen, vermeidenden, unsicheren Bindungsstil hat,
3. (bei einem gewaltsamen Tod) den Leichnam auffindet oder identifizieren muss,
4. einen Partner, eine Partnerin oder ein Kind verliert,

5. eine starke Abhängigkeitsbeziehung in der Zeit vor dem Tod des Partners bzw. der Partnerin hat,
6. eine stark ausgeprägte psychische Verletzlichkeit (Neurotizismus) hat.

Einen weiteren bedeutenden Risikofaktor hat Kenneth J. Doka[115] mit seinem Konzept der „disenfranchised grief" (dt. aberkannte Trauer) beschrieben. Von aberkannter Trauer ist dann zu sprechen, wenn jemand in Folge eines schweren Verlustes Trauer erlebt, aber sie nicht zeigen kann, weil sie von der sozialen Umwelt nicht anerkannt wird. Kenneth J. Doka führt vier Typen der Aberkennung an.

1. Trauer kann aberkannt werden, weil die Beziehung nicht anerkannt worden ist. Ein Beispiel dafür kann eine heimliche außereheliche Beziehung sein. Sie findet im Verborgenen statt. Wenn ein Partner bzw. eine Partnerin verstirbt, ist der überlebende Teil meist gezwungen, mit seiner Trauer weiterhin im Verborgenen zu bleiben.

2. Die Trauer kann aber auch aberkannt werden, weil man der betroffenen Person beispielsweise die Trauer nicht zutraut. Dies erfahren oft Menschen mit einer geistigen Beeinträchtigung oder mit Demenz. Die weit verbreitete, aber nicht richtige Annahme, dass diese Menschen den Tod einer nahestehenden Person nicht realisieren würden, führt dazu, dass sie oft nicht informiert werden. Aber auch sie werden von einem Verlust betroffen und durchleben ihre Trauer. Sie brauchen in ihrer Trauer Gespräche und Zuwendung.

3. Aberkannt wird die Trauer auch überall dort, wo Trauernde von anderen Personen statt Verständnis Bewertungen, Erklärungen oder Ratschläge erhalten.

4. Darüber hinaus können manche Umstände des Todes wie

z. B. Suizid zur Aberkennung und Stigmatisierung führen sowie abweichende Formen der Trauer, wenn sie nicht den gewohnten Sitten entsprechen.

Wenn bei einer trauernden Person einer oder mehrere Risikofaktoren zutreffen, ist es angebracht, zur Klärung einen Experten bzw. eine Expertin aufzusuchen. Sollte sich herausstellen, dass es eine anhaltende Trauerstörung ist, dann braucht es in jedem Fall professionelle psychotherapeutische oder psychiatrische Hilfe. Für die Therapie haben sich zeitlich begrenzte Angebote, die sowohl das Verlustgeschehen als auch die Wiederherstellung, die Bindungsbeziehung und die Entwicklung eines neuen Sinngefüges gleichermaßen im Blick haben, am wirksamsten erwiesen.[116]

AUSBLICK

Trauer ist die menschliche Reaktion auf den Verlust einer bedeutenden Person oder eines bedeutenden Gutes. Im Erleben der Trauer gibt es deshalb keinen wesenhaften Unterschied unter den Geschlechtern. Die Gesellschaft und Kultur bestimmenden Leitbilder der Männlichkeit („hegemoniale Männlichkeit") forcieren jedoch Dominanz, Konkurrenz und Hierarchie für Männer. Sie setzen auf den autonomen und durchsetzungsfähigen Mann, der seine Gefühle kontrolliert und Grenzen überwindet. Wesentliche anthropologische Grundkonstanten, wie die menschliche Endlichkeit, menschliche Schwäche und Verletzlichkeit und die damit verbundene Trauer über die Begrenzungen menschlichen Seins, sind mit diesen Männlichkeitsbildern nur schwer vereinbar. Sie geraten in Gefahr, geleugnet und abgespalten zu werden.

Der Pastoralpsychologe Ferdi Schilles[117] benennt vier grundlegende Elemente persönlicher Trauerprozesse: Erlaubnis, Struktur, Ausdruck und Zeugenschaft. Wenngleich diese Elemente geschlechtsneutral sind und jeden Trauerprozess ausmachen, bekommen sie im Kontext der Normen und Werte einer von hegemonialer Männlichkeit geprägten Lebenswelt besondere Aktualität. Es ist in diesem Kontext nicht selbstverständlich, sich der Unsicherheit eines Trauerprozesses auszusetzen. Es bedarf deshalb der inneren *Erlaubnis* des einzelnen Mannes, die Trauer in all ihren Facetten zuzulassen. Ebenso notwendig ist die äußere Erlaubnis. Es braucht das soziale Umfeld, das einem Mann das Durchleben dieser Erfahrung zugesteht. Insbesondere in Zeiten der Verunsicherung sind haltgebende *Strukturen* wichtig. Das können Kontakte, Begegnungen, ritualisierte Abläufe wie Arbeit, Sport, Meditationseinheiten oder Begleitung und vieles mehr sein. Trauer braucht auch ihren *Ausdruck*! Wie bereits vielfach betont, kann dieser Ausdruck sehr unterschiedlich und vielfältig aussehen und muss dem einzelnen Individuum entsprechen. Schließlich bedarf die Trauer der *Zeugenschaft*. Erst im Austausch und in der Anerkennung durch andere kann sie gelebt, geklärt und weiterentwickelt werden. Trauer ist ein soziales Geschehen. Vor dem Hintergrund der gesellschaftlichen Wirkmächtigkeit hegemonialer Männlichkeit stellen sich in allen Bereichen Herausforderungen für die Trauer von Männern.

Dort, wo Trauer von Männern wahrgenommen, angenommen und gelebt wird, kann sie den Weg zu alternativen Männlichkeitsentwürfen weisen. Trauer beklagt den Verlust einer bedeutenden anderen Person, mit der man Freud und Leid geteilt und sich in Zeiten der Schwäche gegenseitig unterstützt hat. Trauern heißt deshalb zu akzeptieren, dass das Leben endlich ist, nicht planbar und kontrollierbar und dass Menschen es letztlich nur in gegenseitiger Verbundenheit, vielleicht sogar Abhängigkeit, bestehen können.

Die Wahrnehmung der vielfältigen Trauerformen unter Männern verweist damit auf ein alternatives Männlichkeitsbild, in dem die Sorge im Mittelpunkt steht. Konkret geht es um die Sorge um sich selbst, um die Mitmenschen und um die Umwelt. Indem dieses Männlichkeitsbild neben den Stärken auch die Schwächen des Menschseins, seine Verletzlichkeit und Bedürftigkeit aufnimmt, kann es den Weg zu einem erfüllteren Menschsein weisen.

ANMERKUNGEN

1 Vgl. Doka, Kenneth J. / Martin, Terry L. (2010): Grieving Beyond Gender. Understanding the Ways Men and Women mourn, New York: Routlegde, S. 126f.

2 Vgl. Vance, John C. (1995): Gender Differences in Parental Psychological Distress Following Perinatal Death or Sudden Infant Death Syndrome, in: British Journal of Psychiatry, 167, S. 806–811.

3 Vgl. Fausto-Sterling, Anne (2000): Sexing the body. Gender Politics and the Construction of Sexuality, New York: Basic Books, S. 254.

4 Vgl. zu allen Ausführungen bezüglich des Gehirns: Rippon, Gina (2020): Gender and Our Brains. How Neuroscience Explodes the Myths of Male and Female, New York: Vintage Books, S. 103–141 und 327–245.

5 Vgl. Maccoby, Eleanor E. / Jacklin, Carol N. (1974): The Psychology of Sex Differences, Stanford: Stanford University Press, S. 349ff.

6 Vgl. Hyde, Janet S. (2005): The Gender Similarities Hypothesis, in: American Psychologist, 60 (6), S. 581–592.

7 Vgl. Zell, Ethan / Krizan, Zlatan / Teeter, Sabrina R. (2015): Evaluating Gender Similarities and Differences Using Metasynthesis, in: American Psychologist, 70 (1), S. 10–20.

8 Connell, Raewyn (2013): Gender, Wiesbaden: Springer VS, S. 96.

9 Lorber, Judith (2003): „Die Nacht zu seinem Tag“: Die soziale Konstruktion von Gender, in: Lorber, Judith: Gender-Paradoxien, 2. Aufl., Opladen: Leske und Budrich, S. 70.

10 Piontek, Rosemarie / Süfke, Björn (2017): Typisch Frau, typisch Mann. Die Bedeutung von Genderfragen in der Psychotherapie, Göttingen: Vandenhoeck & Ruprecht, S. 22.

11 Müller-Commichau, Wolfgang / Schaefer, Roland (2000): Wenn Männer trauern. Über den Umgang mit Abschied und Verlust, Mainz: Matthias-Grünewald-Verlag, S. 20.

12 https://www.tu-braunschweig.de/gtm/was-ist-geschlecht (Zugriff 21.07.2023).

13 Lorber (2003): „Die Nacht zu seinem Tag“: Die soziale Konstruktion von Gender, S. 70.

14 Bourdieu, Pierre (1997): Die männliche Herrschaft, in: Dölling, Irene / Krais, Beate (Hg.): Ein alltägliches Spiel. Geschlechterkonstruktionen in der sozialen Praxis, Frankfurt a. Main: Suhrkamp Verlag, S. 203.

15 Vgl. Meuser, Michael (2008): Ernste Spiele. Zur Konstruktion von Männlichkeit im Wettbewerb der Männer, in: Baur, Nina / Luedtke, Jens (Hg.): Die soziale Konstruktion von Männlichkeit. Hegemoniale und marginalisierte Männlichkeiten in Deutschland, Opladen / Farmington Hills: Budrich, S. 33.

16 Connell, Robert W. (1995): Masculinities, Oxford: Polity Press, S. 75.

17 Vgl. Connell, Raewyn W. (2000): The men and the boys, Berkeley: University of California Press, S. 10.

18 Vgl. Baur, Nina / Luedtke, Jens (2008): Männlichkeit und Erwerbsarbeit bei westdeutschen Männern, in: dies. (Hg.) (2008): Die soziale Konstruktion von Männlichkeit: Hegemoniale und marginalisierte Männlichkeiten in Deutschland, Opladen: Barbara Budrich, S. 87.

19 Vgl. Meuser (2008): Ernste Spiele, S. 34.

20 Bourdieu (2005): Die männliche Herrschaft, S. 83.

21 Böhnisch, Lothar (2013): Männliche Sozialisation. Eine Einführung, 2. überarb. Aufl., Weinheim: Beltz Juventa, S. 34–37.

22 Böhnisch (2013): Männliche Sozialisation, S. 35.

23 Böhnisch (2013): Männliche Sozialisation, S. 35.

24 Böhnisch (2013): Männliche Sozialisation, S. 35.

25 Böhnisch (2013): Männliche Sozialisation, S. 35.

26 Tannen, Deborah (2012): Du kannst mich einfach nicht verstehen. Warum Männer und Frauen aneinander vorbeireden, 6. Aufl., München: Goldmann Verlag, S. 25.

27 Böhnisch (2013): Männliche Sozialisation, S. 34.

28 Im englischen Original heißt es „caring masculinities". Dies ist auch jener Begriff, mit dem dieses Konzept Eingang in die wissenschaftliche Auseinandersetzung gefunden hat. [Elliott, Karla (2016): Caring Masculinities: Theoretizing an Emerging Concept, in: Men and Masculinities, 19 (3), S. 251.]

29 Vgl. Znoj, Hansjörg (2004): Komplizierte Trauer. Fortschritte der Psychotherapie, Göttingen: Hogrefe Verlag, S. 4f.

30 Metz, Christian (2011): Die vielen Gesichter der Trauer: Anregungen zum Umgang mit Trauer und Trauernden, in: Psychotherapie-Wissenschaft, 1 (3), S. 179.

31 Freud, Sigmund (1975): Trauer und Melancholie, in: ders.: Psychologie des Unbewußten. Studienausgabe, Band III, Frankfurt am Main: Fischer-Verlag, S. 197.

32 Bonanno, George A. (2012): Die andere Seite der Trauer: Verlustschmerz und Trauma aus eigener Kraft überwinden, Bielefeld: Aisthesis-Verlag, S. 65.

33 Shear, Katherine et al. (2011): Complicated Grief and Related Bereavement issues for DSM-5, in: Depression and Anxiety, 28 (2), S. 104.

34 Dies ist die von Müller und Willmann vorgeschlagene deutsche Übersetzung der von Stroebe und Schut stammenden englischen Bezeichnung, die sich in Endnote 35 findet. [Müller, Heidi / Willmann, Hildegard (2016): Trauer: Forschung und Praxis verbinden. Zusammenhänge verstehen und nutzen, Göttingen: Vandenhoeck & Ruprecht, S. 41.]

35 Vgl. Stroebe, Margaret / Schut, Henk (2010): The Dual Process Modell of Coping with Bereavement: A Decade on, in: OMEGA, 61 (4), S. 273–289, hier: S. 277.

36 Höpflinger, Anna-Katharina (2017): Schwarz, verhüllend, weiblich. Die Inszenierung von Trauer und der Wandel von Gendervorstellungen, in: Interdisciplinary Journal for Religion and Transformation, 3 (5), S. 112.

37 Vgl. Höpflinger (2017): Schwarz, verhüllend, weiblich, S. 115f.

38 Vgl. Walter, Tony (1999): On bereavement. The Culture of Grief, Philadelphia: Open University Press, S. 35f.

39 Vgl. Stroebe, Margaret / Gergen, Mary M. / Gergen, Kenneth J. / Stroebe, Wolfgang (1992): Broken Hearts or Broken Bonds. Love and Bonds in Historical Perspectives, in: American Psychologist, 47 (10), S. 1208.

40 Vgl. Walter (1999): On bereavement, S. 36.

41 Jalland, Pat (1996): Death in Victorian Family, Oxford: University Press, S. 257.

42 Vgl. Stroebe et al. (1992): Broken Hearts or Broken Bonds.

43 Vgl. Stroebe et al. (1992): Broken Hearts or Broken Bonds. S. 1206.

44 Vgl. Stroebe, Wolfgang / Stroebe, Margaret / Schut, Henk (2003): Does „Grief Work“ Work?, in: Bereavement Care, 22 (1), S. 3.

45 Dies ist die Übersetzung des englischen Originals: „Hence, the mourner who speedily leaves grief behind and returns to personal autonomy is typically a male.“ [Walter (1999): On bereavement, S. 113.]

46 Vgl. Heller, Birgit (2012): Der Tod und die Trauer: Gender-Aspekte, in: Schärer-Santschi, Erika (Hg.): Trauern. Trauernde Menschen in Palliative Care und Pflege begleiten, Bern: Verlag Hans Huber, S. 169.

47 Vgl. Klass, Dennis / Silverman, Phyllis R. / Nickman, Steven L. (1996) (Eds.): Continuing Bonds. New Understanding of Grief, Bristol, Philadelphia, London: Taylor & Francis.

48 Das englische Original: „Women's rediscovered voice makes it easier to speak of the importance of bonding over individual autonomy, in death as well as in life, for men as well as for women.“ [Walter (1999): On bereavement, S. 113.]

49 Vgl. Müller / Willmann (2016): Trauer: Forschung und Praxis verbinden, S. 45–47.

50 Znoj, Hansjörg (2012): Trauer und Wissenschaft. Märchen und Mythen zur Trauer, in: Schärer-Santschi, Erika (Hg.): Trauern. Trauernde Menschen in Palliative Care und Pflege begleiten, Bern: Verlag Hans Huber, S. 47.

51 Vgl. Stroebe, Margaret / Stroebe, Wolfgang / Schut, Henk (2001): Gender Differences in Adjustment to Bereavement: An Empirical and Theoretical Review, in: Review of General Psychology, 5 (1), S. 77.

52 Znoj (2004): Komplizierte Trauer, S. 4.

53 Bonanno (2012): Die andere Seite der Trauer, S. 52.

54 Bonanno (2012): Die andere Seite der Trauer, S. 53.

55 Bonanno (2012): Die andere Seite der Trauer, S. 138.

56 Vgl. Bonanno (2012): Die andere Seite der Trauer, S. 54.

57 Vgl. Martin, Terry L. / Doka, Kenneth J. (2000): Men Don't Cry … Women Do. Transcending Gender Stereotypes of Grief, Philadelphia: Brunner / Mazel, S. 35–41.

58 Vgl. Perrig-Chiello, Pasqualina (2017): Wenn die Liebe nicht mehr jung ist. Warum viele langjährige Partnerschaften zerbrechen und andere nicht, Bern: Hogrefe Verlag, S. 99–102.

59 Perrig-Chiello (2017): Wenn die Liebe nicht mehr jung ist, S. 143.

60 Perrig-Chiello (2017): Wenn die Liebe nicht mehr jung ist, S. 142f.

61 Perrig-Chiello (2017): Wenn die Liebe nicht mehr jung ist, S. 99.

62 Vgl. Zulehner, Paul M. (2003): MannsBilder. Ein Jahrzehnt Männerentwicklung, Ostfildern: Schwabenverlag, S. 125ff.

63 Perrig-Chiello (2017): Wenn die Liebe nicht mehr jung ist, S. 101.

64 Vgl. Perrig-Chiello (2017): Wenn die Liebe nicht mehr jung ist, S. 143.

65 Rutz, Wolfgang (2010): Depression und Suizidalität bei Männern in Europa: Ein Problem männlichen psychischen Leidens und männlicher Suizidalität, in: Journal für Neurologie, Neurochirurgie und Psychiatrie, 11 (3), S. 46–52.

66 Rutz (2010): Depression und Suizidalität bei Männern in Europa, S. 49.

67 Vgl. Möller-Leimkühler, Anna Maria / Kaspar, Siegfried (2010): Psychische und Verhaltensstörungen, in: Bardehle, Doris / Stiehler, Matthias (Hg.): Erster Deutscher Männergesundheitsbericht. Ein Pilotbericht, München: W. Zuckschwert Verlag, S. 154.

68 Schaar, Yannick / Schipper, Marc (2017): Suizid und Alter: Eine Bestandsaufnahme, in: Public Health Forum, 25 (2), S. 178.

69 Die hier übersetzten Beschreibungen lauten im englischen Original: „rigid, conscientious, disciplined, conservative, habit driven, emotionally unaware and emotionally constricted“ [Canetto, Silvia Sara (2017): Suicide: Why Are Older Men So Vulnerable?, in: Men and Masculinities, 20 (1), S. 58]

70 Möller-Leimkühler / Kasper (2010): Psychische und Verhaltensstörungen, S. 154.

71 Vgl. Steins, Gisela (2008): Identitätsentwicklung, Die Entwicklung von Mädchen zu Frauen und Jungen zu Männern, 3. überarb. Aufl., Lengerich: Pabst Science Publisher, S. 41.

72 Vgl. Möller-Leimkühler, Anna Maria (2013): Komorbidität psychischer und somatischer Erkrankungen bei Männern – Ein Problemaufriss, in: Weißenbach, Lothar / Stiehler, Matthias (Hg.): Männergesundheitsbericht 2013. Im Fokus: Psychische Gesundheit, Bern: Verlag Hans Huber, S. 88.

73 Vgl. Worden, William J. (2011): Beratung und Therapie in Trauerfällen. Ein Handbuch, 4. überarb. u. erw. Aufl., Bern: Verlag Hans Huber, S. 44.

74 Worden (2011): Beratung und Therapie in Trauerfällen, S. 45.

75 Worden (2011): Beratung und Therapie in Trauerfällen, S. 50.

76 Worden (2011): Beratung und Therapie in Trauerfällen, S. 52.

77 Worden (2011): Beratung und Therapie in Trauerfällen, S. 56.

78 Vgl. Silverman, Phyllis / Klass, Dennis (1996): Introduction: What's the Problem?, in: Klass, Dennis / Silverman, Phyllis R. / Nickman, Steven L. (Eds.): Continuing Bonds: New Understanding of Grief. Bristol, Philadelphia, London: Taylor & Francis, S. 3–25.

79 Vgl. Klass / Silverman (1996): Continuing Bonds.

80 Müller / Willmann (2016): Trauer: Forschung und Praxis verbinden, S. 86.

81 Mucksch, Norbert (2017): Frieden schließen. Die Bedeutung der Versöhnung in der Trauerbegleitung, Göttingen: Vandenhoeck & Ruprecht, S. 31.

82 Vgl. Hirsch, Mathias (2017): Schuld und Schuldgefühl. Zur Psychoanalyse von Trauma und Introjekt, 7. überarb. Aufl., Göttingen: Vandenhoeck & Ruprecht, S. 15–27.

83 Hirsch (2017): Schuld und Schuldgefühl, S. 15.

84 Hirsch (2017): Schuld und Schuldgefühl, S. 16.

85 Hirsch (2017): Schuld und Schuldgefühl, S. 16.

86 Mucksch (2017): Frieden schließen, S. 34.

87 Simmel, Georg (1985): Das Relative und das Absolute im Geschlechterproblem, in: ders.: Schriften zur Philosophie und Soziologie der Geschlechter, Frankfurt a. Main: Suhrkamp Verlag, S. 204.

88 Vgl. Steins (2008): Identitätsentwicklung, S. 41.

89 Hirsch, Mathias (2020): Schuldgefühl, Gießen: Psychosozial-Verlag, S. 125.

90 Statistik Austria: https://www.statistik.at/statistiken/bevoelkerung-und-soziales/bevoelkerung/gestorbene/demographische-merkmale-von-gestorbenen (Zugriff 07.09.2023).

91 Vgl. Sutor, Petra (2020): Trauer am Arbeitsplatz: Sprachlosigkeit überwinden – Fürsorgepflicht wahrnehmen – Trauerkultur entwickeln, Ostfildern: Patmos Verlag, Kindle-Version.

92 Vgl. Sutor (2020): Trauer am Arbeitsplatz: Sprachlosigkeit überwinden.

93 Vgl. Kersting, Anette (2005): Trauern Frauen anders als Männer? Geschlechtsspezifische Unterschiede im Trauerverhalten nach dem Verlust eines Kindes, in: Psychotherapeut, 50 (2), S. 130f.

94 Vgl. Müller-Commichau / Schaefer (2000): Wenn Männer trauern, S. 22–56.

95 Böhnisch, Lothar (2016): Sozialpädagogik der Lebensalter. Eine Einführung, 7. überarb. u. erw. Aufl., Weinheim, Basel: Beltz, S. 260.

96 Fooken, Insa (1999): Geschlechterverhältnisse im Lebenslauf, in: Jansen, Birgit / Karl, Fred / Radebold, Hartmut / Schmitz-Scherzer, Reinhold

(Hg.): Soziale Gerontologie – Ein Handbuch für Lehre und Praxis, Weinheim: Beltz, S. 444.

97 Vgl. Neuwirth, Robert (2009): Zufriedenheit in der Partnerschaft und Partnerschaftsstabilität, in: Neuwirth, Robert / Buber, Isabella (Hg.): Erste Ergebnisse des Generations- und Gender-Survey (GGS) 2008/09, Wien, S. 20f.

98 Vgl. Hammer, Eckart (2012): Männer altern anders. Eine Gebrauchsanweisung, 2. Aufl., Freiburg i. Br.: Herder, S. 77.

99 Vgl. Bundesministerium für Familie, Senioren, Frauen und Jugend (Hg.) (2005): Fünfter Bericht zur Lage der älteren Generation in der Bundesrepublik Deutschland, Berlin, S. 367.

100 Hammer (2012): Männer altern anders, S. 78.

101 Vgl. Lehner, Erich (2018): Männer im Alter. Aktuelle Perspektiven sozialwissenschaftlicher Forschung, in: Reitinger, Elisabeth / Vedder, Ulrike / Chiangong, Pepetual Mforbe (Hg.): Alter und Geschlecht. Soziale Verhältnisse und kulturelle Repräsentationen, Wiesbaden: Springer VS, S. 61. Für die folgenden Ausführungen vgl. S. 57–62.

102 Böhnisch, Lothar / Winter, Reinhard (1993): Männliche Sozialisation. Bewältigungsprobleme männlicher Geschlechtsidentität im Lebenslauf, Weinheim: Juventa, S. 171.

103 Butler, Robert N. / Lewis, Myrna I. (1996): Alte Liebe rostet nicht. Bern: Verlag Hans Huber, zit. nach: Hammer (2012): Männer altern anders, S. 95f.

104 https://www.deutsche-alzheimer.de/fileadmin/Alz/pdf/factsheets/infoblatt1_haeufigkeit_demenzerkrankungen_dalzg.pdf (Zugriff 28.09.2023).

105 Broom, Alex / Cavanagh, John (2010): Masculinity, moralities and being cared for: An exploration of experiences of living and dying in a hospice, in: Social Science & Medicine, 71, S. 872.

106 Linnemann, Gregor (2005): Sterben Männer anders?, in: Sozial Extra, 29 (10), S. 17.

107 Ware, Bronnie (2013): 5 Dinge, die Sterbende am meisten bereuen. Einsichten, die Ihr Leben verändern werden, München: Arkana.

108 Müller-Commichau / Schaefer (2000): Wenn Männer trauern, S. 67.

109 Schärer-Santschi, Erika (2012): Trauer in Palliative Care, in: Schärer-Santschi, Erika (Hg.): Trauern. Trauernde Menschen in Palliative Care und Pflege begleiten, Bern: Verlag Hans Huber, S. 27.

110 Die Beispiele sind entnommen: Mucksch, Norbert / Roser, Traugott (2023): Männer trauern als Männer. Praxisbuch für eine genderbewusste Trauerbegleitung, Göttingen: Vandenhoeck & Ruprecht, S. 124–162.

111 Rechenberg-Winter, Petra (2015): Leid kreativ wandeln, Göttingen: Vandenhoeck & Ruprecht.

112 Vgl. Münch, Urs (2020): Anhaltende Trauer. Wenn Verluste auf Dauer zur Belastung werden, Göttingen: Vandenhoeck & Ruprecht, S. 33.

113 ICD-11 bezeichnet das Manual International Classification of Diseases. Die 11 sagt, dass es in 11. Revision vorliegt, die auch die aktuelle Ausgabe ist. Dieses Manual wurde von der WHO erstellt und beinhaltet eine Klassifikation medizinischer Diagnosen.

114 Vgl. Burke, Laurie A. / Neimeyer, Robert A. (2013): Prospective risk factors for complicated grief: A review of the empirical literature, in: Stroebe, Margaret / Schut, Henk / van den Bout, Jan (Eds.): Complicated Grief: Scientific foundations for health care professionals, New York: Routledge / Taylor and Francis Group, S. 149.

115 Vgl. Doka, Kenneth J. (2013): Disenfranchised Grief in Historical and Cultural Perspective, in: Stroebe, Margaret / Schut, Henk / van den Bout, Jan (Eds.): Complicated Grief: Scientific foundations for health care professionals, New York: Routledge / Taylor and Francis Group, S. 223–234.

116 Vgl. Metz (2011): Die vielen Gesichter der Trauer, S. 183; Neimeyer, Robert A. (2010): Grief counselling and therapy, in: Bereavement Care, 29 (1), S. 14.

117 Vgl. Schilles, Ferdi (2021): Männertrauer erschließen. Wie wir männliche Trauer besser verstehen und unterstützen können, Esslingen: der hospiz verlag, S. 126–129.

LITERATURVERZEICHNIS

Baur, Nina / Luedtke, Jens (2008): Männlichkeit und Erwerbsarbeit bei westdeutschen Männern, in: dies. (Hg.) (2008): Die soziale Konstruktion von Männlichkeit: Hegemoniale und marginalisierte Männlichkeiten in Deutschland, Opladen: Barbara Budrich, S. 81–103.

Böhnisch, Lothar (2013): Männliche Sozialisation. Eine Einführung, 2. überarb. Aufl., Weinheim: Beltz Juventa.

Böhnisch, Lothar (2016): Sozialpädagogik der Lebensalter. Eine Einführung, 7. überarb. u. erw. Aufl., Weinheim, Basel: Beltz.

Böhnisch, Lothar / Winter, Reinhard (1993): Männliche Sozialisation. Bewältigungsprobleme männlicher Geschlechtsidentität im Lebenslauf, Weinheim: Juventa.

Bonanno, George A. (2012): Die andere Seite der Trauer: Verlustschmerz und Trauma aus eigener Kraft überwinden, Bielefeld: Aisthesis-Verlag.

Bourdieu, Pierre (1997): Die männliche Herrschaft, in: Dölling, Irene / Krais, Beate (Hg.): Ein alltägliches Spiel. Geschlechterkonstruktionen in der sozialen Praxis, Frankfurt a. Main: Suhrkamp Verlag, S. 153–217.

Broom, Alex / Cavanagh, John (2010): Masculinity, moralities and being cared for: An exploration of experiences of living and dying in a hospice, in: Social Science & Medicine, 71, S. 869–876.

Bundesministerium für Familie, Senioren, Frauen und Jugend (Hg.) (2005): Fünfter Bericht zur Lage der älteren Generation in der Bundesrepublik Deutschland, Berlin.

Burke, Laurie A. / Neimeyer, Robert A. (2013): Prospective risk factors for complicated grief: A review of the empirical literature, in: Stroebe, Margaret / Schut, Henk / van den Bout, Jan (Eds.): Complicated Grief: Scientific foundations for health care professionals, New York: Routledge / Taylor and Francis Group, S. 145–161.

Butler, Robert N. / Lewis, Myrna I. (1996): Alte Liebe rostet nicht, Bern: Verlag Hans Huber.

Canetto, Silvia Sara (2017): Suicide: Why Are Older Men So Vulnerable?, in: Men and Masculinities, 20 (1), S. 49–70.

Connell, Raewyn W. (2000): The men and the boys, Berkeley: University of California Press.

Connell, Raewyn (2013): Gender, Wiesbaden: Springer VS.

Connell, Robert W. (1995): Masculinities, Oxford: Polity Press.

Doka, Kenneth J. / Martin, Terry L. (2010): Grieving Beyond Gender. Understanding the Ways Men and Women mourn, New York: Routlegde.

Doka, Kenneth J. (2013): Disenfranchised Grief in Historical and Cultural Perspective, in: Stroebe, Margaret / Schut, Henk / van den Bout, Jan (Eds.): Complicated Grief: Scientific foundations for health care professionals, New York: Routledge / Taylor and Francis Group, S. 223–234.

Elliott, Karla (2016): Caring Masculinities: Theoretizing an Emerging Concept, in: Men and Masculinities, 19 (3), S. 240–259.

Fausto-Sterling, Anne (2000): Sexing the body. Gender Politics and the Construction of Sexuality, New York: Basic Books.

Fooken, Insa (1999): Geschlechterverhältnisse im Lebenslauf, in: Jansen, Birgit / Karl, Fred / Radebold, Hartmut / Schmitz-Scherzer, Reinhold (Hg.): Soziale Gerontologie – Ein Handbuch für Lehre und Praxis, Weinheim: Beltz, S. 441–452.

Freud, Sigmund (1975): Trauer und Melancholie, in: ders.: Psychologie des Unbewußten. Studienausgabe, Band III, Frankfurt am Main: Fischer-Verlag, S. 193–212.

Hammer, Eckart (2012): Männer altern anders. Eine Gebrauchsanweisung, 2. Aufl., Freiburg i. Br.: Herder.

Heller, Birgit (2012): Der Tod und die Trauer: Gender-Aspekte, in: Schärer-Santschi, Erika (Hg.): Trauern. Trauernde Menschen in Palliative Care und Pflege begleiten, Bern: Verlag Hans Huber, S. 164–171.

Hirsch, Mathias (2017): Schuld und Schuldgefühl. Zur Psychoanalyse von Trauma und Introjekt, 7. überarb. Aufl., Göttingen: Vandenhoeck & Ruprecht.

Hirsch, Mathias (2020): Schuldgefühl, Gießen: Psychosozial-Verlag.

Höpflinger, Anna-Katharina (2017): Schwarz, verhüllend, weiblich. Die Inszenierung von Trauer und der Wandel von Gendervorstellungen, in: Interdisciplinary Journal for Religion and Transformation, 3 (5), S. 105–124.

Hyde, Janet S. (2005): The Gender Similarities Hypothesis, in: American Psychologist, 60 (6), S. 581–592.

Jalland, Pat (1996): Death in Victorian Family, Oxford: University Press.

Kersting, Anette (2005): Trauern Frauen anders als Männer? Geschlechtsspezifische Unterschiede im Trauerverhalten nach dem Verlust eines Kindes, in: Psychotherapeut, 50 (2), S. 129–132.

Klass, Dennis / Silverman, Phyllis R. / Nickman, Steven L. (1996) (Eds.): Continuing Bonds. New Understanding of Grief, Bristol, Philadelphia, London: Taylor & Francis.

Lehner, Erich (2018): Männer im Alter. Aktuelle Perspektiven sozialwissenschaftlicher Forschung, in: Reitinger, Elisabeth / Vedder, Ulrike / Chiangong, Pepetual Mforbe (Hg.): Alter und Geschlecht. Soziale Verhältnisse und kulturelle Repräsentationen, Wiesbaden: Springer VS, S. 53–77.

Linnemann, Gregor (2005): Sterben Männer anders?, in: Sozial Extra, 29 (10), S. 16–18.

Lorber, Judith (2003): „Die Nacht zu seinem Tag": Die soziale Konstruktion von Gender, in: Lorber, Judith: Gender-Paradoxien, 2. Aufl., Opladen: Leske und Budrich, S. 55–83.

Maccoby, Eleanor E. / Jacklin, Carol N. (1974): The Psychology of Sex Differences, Stanford: Stanford University Press.

Martin, Terry L. / Doka, Kenneth J. (2000): Men Don't Cry … Women Do. Transcending Gender Stereotypes of Grief, Philadelphia: Brunner / Mazel.

Metz, Christian (2011): Die vielen Gesichter der Trauer: Anregungen zum Umgang mit Trauer und Trauernden, in: Psychotherapie-Wissenschaft, 1 (3), S. 177–186.

Meuser, Michael (2008): Ernste Spiele. Zur Konstruktion von Männlichkeit im Wettbewerb der Männer, in: Baur, Nina / Luedtke, Jens (Hg.): Die soziale Konstruktion von Männlichkeit. Hegemoniale und marginalisierte Männlichkeiten in Deutschland, Opladen / Farmington Hills: Budrich, S. 33–44.

Möller-Leimkühler, Anna Maria / Kasper, Siegfried (2010): Psychische und Verhaltensstörungen, in: Bardehle, Doris / Stiehler, Matthias (Hg.): Erster Deutscher Männergesundheitsbericht. Ein Pilotbericht, München: W. Zuckschwert Verlag, S. 135–159.

Möller-Leimkühler, Anna Maria (2013): Komorbidität psychischer und somatischer Erkrankungen bei Männern – Ein Problemaufriss, in: Weißenbach, Lothar / Stiehler, Matthias (Hg.): Männergesundheitsbericht 2013. Im Fokus: Psychische Gesundheit, Bern: Verlag Hans Huber, S. 83–101.

Mucksch, Norbert (2017): Frieden schließen. Die Bedeutung der Versöhnung in der Trauerbegleitung, Göttingen: Vandenhoeck & Ruprecht.

Mucksch, Norbert / Roser, Traugott (2023): Männer trauern als Männer. Praxisbuch für eine genderbewusste Trauerbegleitung, Göttingen: Vandenhoeck & Ruprecht.

Müller, Heidi / Willmann, Hildegard (2016): Trauer: Forschung und Praxis verbinden. Zusammenhänge verstehen und nutzen, Göttingen: Vandenhoeck & Ruprecht.

Müller-Commichau, Wolfgang / Schaefer, Roland (2000): Wenn Männer trauern. Über den Umgang mit Abschied und Verlust, Mainz: Matthias-Grünewald-Verlag.

Münch, Urs (2020): Anhaltende Trauer. Wenn Verluste auf Dauer zur Belastung werden, Göttingen: Vandenhoeck & Ruprecht.

Neimeyer, Robert A. (2010): Grief counselling and therapy, in: Bereavement Care, 29 (1), S. 13–16.

Neuwirth, Robert (2009): Zufriedenheit in der Partnerschaft und Partnerschaftsstabilität, in: Neuwirth, Robert / Buber, Isabella (Hg.): Erste Ergebnisse des Generations- und Gender-Survey (GGS) 2008/09, Wien, S. 20–21.

Perrig-Chiello, Pasqualina (2017): Wenn die Liebe nicht mehr jung ist. Warum viele langjährige Partnerschaften zerbrechen und andere nicht, Bern: Hogrefe Verlag.

Piontek, Rosemarie / Süfke, Björn (2017): Typisch Frau, typisch Mann. Die Bedeutung von Genderfragen in der Psychotherapie, Göttingen: Vandenhoeck & Ruprecht.

Rechenberg-Winter, Petra (2015): Leid kreativ wandeln, Göttingen Vandenhoeck & Ruprecht.

Rippon, Gina (2020): Gender and Our Brains. How Neuroscience Explodes the Myths of Male and Female, New York: Vintage Books.

Rutz, Wolfgang (2010): Depression und Suizidalität bei Männern in Europa: Ein Problem männlichen psychischen Leidens und männlicher Suizidalität, in: Journal für Neurologie, Neurochirurgie und Psychiatrie, 11 (3), S. 46–52.

Schaar, Yannick / Schipper, Marc (2017): Suizid und Alter: Eine Bestandsaufnahme, in: Public Health Forum, 25 (2), S. 177–179.

Schärer-Santschi, Erika (2012): Trauer in Palliative Care, in: Schärer-Santschi, Erika (Hg.): Trauern. Trauernde Menschen in Palliative Care und Pflege begleiten, Bern: Verlag Hans Huber, S. 21-31.

Schilles, Ferdi (2021): Männertrauer erschließen. Wie wir männliche Trauer besser verstehen und unterstützen können, Esslingen: der hospiz verlag.

Shear, Katherine et al. (2011): Complicated Grief and Related Bereavement issues for DSM-5, in: Depression and Anxiety, 28 (2), S. 103–117.

Silverman, Phyllis / Klass, Dennis (1996): Introduction: What's the Problem?, in: Klass, Dennis / Silverman, Phyllis R. / Nickman, Steven L. (Eds.): Continuing Bonds: New Understanding of Grief, Bristol, Philadelphia, London: Taylor & Francis, S. 3–25.

Simmel, Georg (1985): Das Relative und das Absolute im Geschlechterproblem, in: ders.: Schriften zur Philosophie und Soziologie der Geschlechter, Frankfurt a. Main: Suhrkamp Verlag.

Steins, Gisela (2008): Identitätsentwicklung. Die Entwicklung von Mädchen zu Frauen und Jungen zu Männern, 3. überarb. Aufl., Lengerich: Pabst Science Publisher.

Stroebe, Margaret / Gergen, Mary M. / Gergen, Kenneth J. / Stroebe, Wolfgang (1992): Broken Hearts or Broken Bonds. Love and Bonds in Historical Perspectives, in: American Psychologist, 47 (10), S. 1205–1212.

Stroebe, Margaret / Stroebe, Wolfgang / Schut, Henk (2001): Gender Differences in Adjustment to Bereavement: An Empirical and Theoretical Review, in: Review of General Psychology, 5 (1), S. 62–83.

Stroebe, Margaret / Schut, Henk (2010): The Dual Process Modell of Coping with Bereavement: A decade on, in: OMEGA, 61 (4), S. 273–289.

Stroebe, Wolfgang / Stroebe, Margaret / Schut, Henk (2003): Does „Grief Work" Work?, in: Bereavement Care, 22 (1), S. 3–5.

Sutor, Petra (2020): Trauer am Arbeitsplatz: Sprachlosigkeit überwinden – Fürsorgepflicht wahrnehmen – Trauerkultur entwickeln, Ostfildern: Patmos Verlag.

Tannen, Deborah (2012): Du kannst mich einfach nicht verstehen. Warum Männer und Frauen aneinander vorbeireden, 6. Aufl., München: Goldmann Verlag.

Vance, John C. (1995): Gender Differences in Parental Psychological Distress Following Perinatal Death or Sudden Infant Death Syndrome, in: British Journal of Psychiatry, 167, S. 806–811.

Walter, Tony (1999): On bereavement. The Culture of Grief, Philadelphia: Open University Press.

Ware, Bronnie (2013): 5 Dinge, die Sterbende am meisten bereuen. Einsichten, die Ihr Leben verändern werden, München: Arkana.

Worden, William J. (2011): Beratung und Therapie in Trauerfällen. Ein Handbuch, 4. überarb. u. erw. Aufl., Bern: Verlag Hans Huber.

Zell, Ethan / Krizan, Zlatan / Teeter, Sabrina R. (2015): Evaluating Gender Similarities and Differences Using Metasynthesis, in: American Psychologist, 70 (1), S. 10–20.

Znoj, Hansjörg (2004): Komplizierte Trauer. Fortschritte der Psychotherapie, Göttingen: Hogrefe Verlag.

Znoj, Hansjörg (2012): Trauer und Wissenschaft. Märchen und Mythen zur Trauer, in: Schärer-Santschi, Erika (Hg.): Trauern. Trauernde Menschen in Palliative Care und Pflege begleiten, Bern: Verlag Hans Huber, S. 38–58.

Zulehner, Paul M. (2003): MannsBilder. Ein Jahrzehnt Männerentwicklung, Ostfildern: Schwabenverlag.

DER AUTOR

ERICH LEHNER, geb. 1958, studierte katholische Theologie, Psychologie und Pädagogik in Wien. Er verfasste seine Dissertation über Männerforschung und lehrte an den Universitäten Klagenfurt, Graz und Wien sowie im Ausland zu Palliative Care und Hospizarbeit. Der Psychoanalytiker in eigener Praxis ist in der Männer- und Geschlechterforschung sowie in der Männerarbeit und -bildung aktiv. Seit 2016 ist er Obmann des Dachverbandes der Männerarbeit in Österreich (DMÖ).